Comentário sobre "A MEMÓRIA E A REMINISCÊNCIA" *de Aristóteles*

O livro é a porta que se abre para a realização do homem.

Jair Lot Vieira

Tomás de Aquino

Comentário sobre "A memória e a reminiscência" *de Aristóteles*

TRADUÇÃO, EDIÇÃO E NOTAS

PAULO FAITANIN
Doutor em Filosofia Medieval pela Universidad de Navarra (Espanha)
Professor Associado III e Professor do Programa de Pós-Graduação em Filosofia da Universidade Federal Fluminense – UFF
Pesquisador do *Instituto Aquinate*
Pesquisador do Gabinete de Estudos Medievais da Universidade do Porto (Portugal)

BERNARDO VEIGA
Doutorando em Filosofia pela Universidade Federal do Rio de Janeiro – UFRJ (bolsista CAPES)
Mestre em Filosofia pela Unisinos
Membro fundador do *Instituto Aquinate*

edipro

Comentário sobre "A memória e a reminiscência" de Aristóteles

Tomás de Aquino

Tradução, edição e notas: Paulo Faitanin e Bernardo Veiga

1ª Edição 2016

Logo do Instituto Aquinate: Wood engraving by Reynolds Stone, in Saint Thomas Aquinas, Selected writings, New York: The heritage Press, 1971, p. 1.

Instituto Aquinate

Editores: Jair Lot Vieira e Maíra Lot Vieira Micales
Coordenação editorial: Fernanda Godoy Tarcinalli
Coordenador do Projeto "Tomás, comentador": Bernardo Veiga
Editoração: Alexandre Rudyard Benevides
Revisão: Beatriz Rodrigues de Lima
Arte: Karine Moreto Massoca

Dados Internacionais de Catalogação na Publicação (CIP)
(Câmara Brasileira do Livro, SP, Brasil)

Tomás de Aquino, Santo, 1225-1274.
Comentário sobre "A memória e a reminiscência" de Aristóteles / Tomás de Aquino; tradução, edição e notas Paulo Faitanin e Bernardo Veiga. – São Paulo: EDIPRO, 2016.

Título original: Sentencia libri De memoria et reminiscencia

ISBN 978-85-7283-945-7

1. Aristóteles 2. Filosofia – Obras anteriores a 1800 3. Teologia – Obras anteriores a 1800 I. Faitanin, Paulo. II. Veiga, Bernardo. III. Título.

15-05930 CDD-189.4

Índice para catálogo sistemático:
1. Tomás de Aquino : Filosofia medieval 189.4

EDITORA AFILIADA

edipro
edições profissionais ltda.
São Paulo: Fone (11) 3107-4788 – Fax (11) 3107-0061
Bauru: Fone (14) 3234-4121 – Fax (14) 3234-4122
www.edipro.com.br

Sumário

Apresentação

TOMÁS DE AQUINO [1225-1274], filósofo e teólogo dominicano, escreveu diversas obras – e muitas delas são efetivamente grandiosas, não apenas em quantidade, mas em tamanho. Desenvolveu muitas outras atividades intelectuais nas Universidades e nas Instituições, seja na docência ou na produção de obras, como as *Sumas*, as *Questões Disputadas* e os *Comentários* de alguns textos das *Sagradas Escrituras*. Mas, ademais dos inúmeros opúsculos, sem dúvida, uma das maiores tarefas de repercussão acadêmica, para além de sua época, com grande influência e importância histórica quanto ao método, e por ter sido o próprio Tomás o principal expoente desta atividade em seu tempo, foi a tarefa a que se dedicou e que o tornou conhecido como *Comentador de Aristóteles*, exímio filósofo grego [384-322 a.C.]. Com uma metodologia original, ordenada, comparativa, analítica, crítica e elucidativa, coerentemente conectada ao sentido, significado e referência dos termos do texto, diferenciada da tão difundida paráfrase, enormemente válida em sua época, os seus comentários puderam ganhar *status*, para além da Escolástica, perdurando do Renascimento aos nossos dias.

Não raro, em razão dos títulos que tais atividades obtiveram depois da sua morte e pelas reiteradas edições, especialmente as mais conhecidas, Leonina, Parma, Vivès e Marietti, podemos defini-las sob aspectos diferentes, mas complementares: o estilo de comentar por *Paráfrase*, *Sentenças* ou *Exposição*, embora estas maneiras de ler e explicar o texto não se desvinculem do gênero literário *comentário*, em seu sentido geral. Se tais comentários se tornaram importantes para Tomás e, consequentemente, uma das mais célebres contribuições do Aquinate para o ulterior estudo da obra e do pensamento do filósofo grego Aristóteles, isto, sem dúvida, deveu-se a três fatos: a grande influência do seu Mestre, Alberto Magno [1206-1280 d.C.], que via neste labor um modo de entender e de divulgar o pensamento filosófico aristotélico não dissociado da teologia e da ciência; o fato mesmo da proliferação de exposições árabes da obra e do pensamento aristotélico, nem sempre condizentes com a própria obra e com o pensamento do referido autor e, contundentemente, opostas à fé cristã; e, por fim, mas não sem importância, o exímio e destacado valor da contribuição de Guilherme de Moerbeke [1215-1286 d.C.][1] para esse projeto, ao propor, ademais de revisar as traduções antigas e novas ou mesmo propor inteiramente as suas, encetar um estilo analítico, preciso, literal e de estrita observância semântica de produzir suas versões latinas para o uso de quem as pediu, tendo em vista os dois fatos anteriormente referidos.

Os comentários de cada obra são estabelecidos segundo a divisão *argumentativa*, que o Aquinate entende que é apresentada e desenvolvida pela obra de Aristóteles, em cada *Livro*, como uma unidade separada, mas complementar ao todo, se assim podemos dizer, em relação à atual análise crítica que se faz

1. Um breve estudo clássico sobre a vida e o labor de tradução de Moerbeke ver em: GRABMANN, M. *Guglielmo di Moerbeke O.P. il tradutore delle opere di Aristotele*. Miscellanea Historiae Pontificiae, 11. Pontificia Universitas Gregoriana. Roma: Università Gregoriana Editrice, 1946.

da unidade do todo de algumas obras de Aristóteles, quanto à possível ordem dos livros. Retomando a questão dos métodos, alguns opinaram que Tomás comentou dividindo a obra, segundo os Livros, em lições; outros, porém, admitiram que ele seguiu a divisão capitular, segundo a divisão estabelecida pela edição que teve em mãos em sua época. Mas, de um modo geral, prevaleceu, nas diversas edições e nas mais importantes, a didática divisão por *Lições*, bem próxima ao giro argumentativo do Estagirita. As lições são literalmente *leituras*, mas não meramente "leituras", mas uma leitura *atenta*, que procura *entender*, *dividir* as argumentações, *analisar* os argumentos, compará-los com outros do mesmo autor em outras obras, ou com os de outros autores que comentaram a mesma obra; ao mesmo tempo em que busca fundamentá-los com outros argumentos próprios, outros exemplos, para, assim, explicar o sentido dado pelo autor, com o intuito de sintetizar a ideia contida no argumento e de propor uma conclusão que seja a mais clara possível e, de modo coerente, correspondente com a ideia original do autor. De fato é uma original análise hermenêutico-semântica, ou seja, uma crítica interpretativa dos diversos sentidos dos termos apresentados no texto.

Tomás comenta analisando cada sentença, segundo a ordem que originalmente apresentava o próprio texto, de acordo com o método de Aristóteles, que expunha: a intenção do autor, a justificativa do estudo do tema, a proposta de metodologia adotada, o levantamento das opiniões anteriores, a proposta de uma hipótese permeada com exemplos, a análise de cada opinião anterior, a refutação das ideias contraditórias, a afirmação das ideias verdadeiras, a apresentação de uma tese que, além de resumir a doutrina, conclui o ciclo de comentário do tema. Além disso, confrontou cada sentença, quando necessário, com as doutrinas de outros autores, gregos, latinos, cristãos, judeus ou islâmicos. Ainda assim, cotejava a própria doutrina aristotélica com as interpretações dos outros comentadores de Aristóteles e, muitas vezes, buscava, nas outras obras do próprio autor comentado, exposições e exemplos para uma melhor fundamentação do tema, mediante uma verificação silogística e coerente.

O *Instituto Aquinate*, em parceria com a Edipro, continua a empreitada de publicar uma série de textos inéditos, editados em vernáculo, em edição simples, acessível, com breve apresentação, introdução e notas à tradução, com o intuito de pouco ou quase nada interferir na obra, deixando o leitor com o mínimo necessário para ele mesmo ir diretamente ao texto de Tomás. A intenção é divulgar não só entre o público acadêmico, mas entre os diversos admiradores do aristotelismo e do tomismo, as principais ideias desses autores contidas nos referidos textos. Neste espírito, nasce o projeto *Tomás, comentador*. Nesta edição, apresentamos o *Comentário sobre "A memória e a reminiscência" de Aristóteles*, obra autêntica[2] e, provavelmente, de 1269.[3] Este projeto é coordenado por Bernardo Veiga (Instituto Aquinate), doutorando em Filosofia pela UFRJ (bolsista Capes). Este livro foi traduzido e editado pelo Prof. Dr. Paulo Faitanin (UFF), junto com Bernardo Veiga.

Para esta edição e tradução foram utilizadas as seguintes edições para o texto do *A memória e a reminiscência* de Aristóteles: texto grego da edição de Bekker,[4] texto latino da edição Leonina[5]. Cotejamos com diversas outras traduções: portuguesa,[6]

2. MANDONNET, P. O.P. *Des écrits authentiques de S. Thomas d'Aquin*. 2. ed. rev. Fribourg (Suíça): Imprimerie de l'oeuvre de Saint-Paul, 1910, p. 31.

3. TORRELL, J.-P. O.P. *Iniciação a Santo Tomás de Aquino*. Sua pessoa e obra. Trad. Luiz Paulo Rouanet. São Paulo: Edições Loyola, 1999. p. 397-8.

4. BEKKER, I. *Aristotelis Opera*. III. Berlim: Walter de Gruyter, 1960. Cf. 449b4-453b11.

5. THOMAE DE AQUINO, S. *De memoria et reminiscencia*. Opera omnia iussu Leonis XIII P.M. Edita. Commissio Leonina. T. 45/2. Paris: Vrin, 1985, p. 103-33.

6. ARISTÓTELES. *Parva Naturalia*. Obras completas. Trad. e notas de Edson Bini. São Paulo: Edipro, 2012. p. 75-87.

espanhola[7] e inglesa[8]. Já para a edição e tradução do texto latino do comentário de Tomás, utilizamos a edição de Alarcón no *Corpus Thomisticum*,[9] e comparamos nossa tradução com outras traduções: espanhola,[10] italiana[11] e inglesa[12]. Todas resultaram muito úteis para soluções específicas de certas passagens de difíceis tradução e compreensão. Quanto às notas da nossa tradução, valemo-nos, quando se fez necessário, para confrontar, conferir ou completar, das referências do aparato bibliográfico das edições pesquisadas, grega e latina, dos textos, e das respectivas versões que consultamos para a produção do texto em vernáculo, além de léxicos e dicionários.[13]

7. ARISTÓTELES. *Acerca de la generación y la corrupción-Tratados breves de historia natural*. Tradução, introdução e notas por Ernesto La Croce y Alberto Bernabé Pajares. Madri: Gredos, 1987. p. 233-55.

8. ARISTOTLE. *De sensu and De memoria*. Tradução, introdução e comentários de G. R. T. Ross. Cambridge: The University Press, 1966; *On Memory and Reminiscense*. Trad. de J. I. Beare. [<http://classics.mit.edu/Aristotle/memory.html>].

9. THOMAE DE AQUINO, S. *Sentencia libri De sensu et sensato*. Tractactus II: De memoria et reminiscentia. [<http://www.corpusthomisticum.org/css02.html>].

10. TOMÁS DE AQUINO. *Comentarios a los libros de Aristóteles*: Sobre el sentido y lo sensible, Sobre la memoria y la reminiscencia. Introdução e tradução anotadas de Juan Cruz Cruz. Pamplona: EUNSA, 2001. p. 309-59.

11. TOMMASO D'AQUINO. *La conoscenza sensibile*. Commenti ai libri di Aristotele Il senso e Il sensibile e La memória e La reminiscenza. Sentencia Libri De sensu et sensato et De memoria et reminiscentia. Bologna: ESD, 1997. p. 189-258.

12. THOMAS AQUINAS. *De memoria et reminiscentia*. Trad. de John Burchill, O.P. M. A. Dissertation Dover, Massachusetts, 1962. [<http://dhspriory.org/thomas/MemoriaReminiscentia.htm>]; THOMAS AQUINAS. *Commentaries on Aristotle's "On Sense and what is sensed" and "On memory and recollection"*. Tradução, introdução e notas de Kevin White e Edward M. Macierowski. The Catholic University of America Press, 2005. p. 183-205.

13. Para o texto de Aristóteles: BONITZ, H. *Index Aristotelicus*. Berlim: Walter de Gruyter, 1961; LIDDELL, H. G; SCOTT, R. *A Greek-English Lexicon*. Oxford: Clarendon Press, 1996; KAPPES, M. *Aristoteles-Lexikon*. Nova York: Burt Franklin, 1971. Para o texto de Tomás: SCHUTZ, L. *Thomas-Lexikon*. Stuttgart: Frommanns Verlag, 1958; DEFERRARI, R. J. *A Lexicon of St. Thomas Aquinas*. Washington, D.C.: Catholic University of America Press, 1948; MONDIN, B. *Dizionario enciclopedico del pensiero di San Tommaso D'Aquino*. Bologna: ESD, 2000.

Propusemos uma tradução o quanto possível literal do texto latino da edição Leonina, frequentemente cotejando o texto grego com o texto latino para, assim, apresentar uma versão íntegra e literal. Em seguida, na busca de uma terminologia adequada para os lusófonos, recorreu-se aos recursos propostos por outras versões para outros idiomas. Desta maneira, a metodologia consistiu na tradução direta do latim para o português, sempre recorrendo ao texto grego nos casos em que faltava ou sobrava algo no texto latino em relação ao texto grego da edição crítica da obra, ou para procurar direto do grego para o português uma versão adequada e coerente não só com a ideia aristotélica, mas, também, com o comentário de Tomás.

De antemão, reconhecemos nossas limitações de oferecer uma mais apurada e atenta revisão textual, de não poder pesquisar outras fontes que efetivamente melhorariam muito a nossa proposta de tradução de ambos os textos. Somos conscientes de tudo isso. Portanto, ao caro leitor-pesquisador, ademais da compreensão para estas questões que obviamente aparecerão nesta primeira edição, pedimos, sobretudo, que proponham críticas e sugestões para uma futura edição.

Paulo Faitanin
Diretor do Instituto Aquinate

Introdução

Nossa intenção é brevemente expor e analisar a contribuição de Tomás de Aquino sobre o comentário ao livro *A memória e a reminiscência* de Aristóteles, como introdução à edição monolíngue que é aqui publicada. Com este breve estudo pretendemos auxiliar o leitor, mostrando algumas noções básicas da visão de Tomás sobre os sentidos internos, a memória e a reminiscência, e expor resumidamente cada lição do comentário.

1. Noções básicas dos sentidos internos

Para Tomás, além dos cinco sentidos externos,[1] há também quatro sentidos internos – que são potências sensitivas da alma –, a saber: o *sentido comum*, a *imaginação*, a *estimativa* e a *memória*[2].

O sentido comum é a raiz e o princípio comum dos sentidos externos,[3] que discerne esses sentidos, como ao diferenciar certas percepções de um mesmo objeto, por exemplo, o branco do

1. Visão, audição, olfato, paladar e tato. (TOMÁS DE AQUINO, *Sum. Theo.*, I, q. 78, a. 3)
2. Ibid., q. 78, a. 4, resp.
3. Ibid., q. 78, a. 4, sol. 1.

doce,[4] de um chocolate branco. A imaginação é uma potência que retém ou conserva as formas das coisas sensíveis, como um tesouro das formas percebidas pelo sentido.[5] A estimativa apreende as intenções que não são percebidas pelos sentidos, que nos homens, diferente dos outros animais, é chamada de *cogitativa*, porque descobre essas intenções não por extinto, mas por uma espécie de comparação com as representações individuais.[6] Em relação à memória, ela se ordena a reter as formas sensíveis, como ao recordar os fatos passados. Além disso, ele considera, como um ato de memorizar, a reminiscência, que é própria dos seres humanos, que investiga a partir de algo já conhecido o não conhecido, como por um silogismo.[7]

2. A memória e a reminiscência

Em toda a *Suma Teológica*, porém, Tomás concede apenas um único artigo[8] para tratar especificamente a questão dos sentidos internos. Em relação à memória, ele trata de modo mais detalhado no seu comentário à obra de Aristóteles: *A memória e a reminiscência*, contida entre as obras da *Parva naturalia* do Estagirita, que são pequenos tratados sobre a física e a antropologia filosófica.

Neste comentário, o Aquinate investiga de maneira mais aprofundada a natureza da memória, qual o seu objeto, e expõe a reminiscência, que é própria dos seres humanos. A grande contribuição para o *Corpus Thomisticum* está na noção de reminiscência, já desenvolvida por Aristóteles. Ela, como foi dito, é um ato de memorizar,[9] que passa de uma associação a outra

4. TOMÁS DE AQUINO, *Sum. Theo.*, I, q. 78, a. 4, sol. 2.
5. Ibid., q. 78, a. 4, resp.
6. Ibid., q. 78, a. 4, resp.
7. Ibid., q. 78, a. 4, resp.
8. Ibid., q. 78, a. 4.
9. TOMÁS DE AQUINO, *De memoria et reminiscentia*, l. 1, n. 2.

para encontrar o que foi esquecido. É uma capacidade exclusivamente humana, que se assemelha ao intelecto – mas está ainda no âmbito da potência sensível –, porque é necessário que haja certa intenção da vontade para desenvolver certas associações, tanto por semelhança, quanto por contrariedade e proximidade.[10]

Do ponto de vista da teoria do conhecimento e da antropologia tomista, provavelmente a Lição 2 é a mais importante, porque diz que não é possível um conhecimento sem auxílio das imagens sensíveis[11] e mostra a relação da memória com o conhecimento, de que maneira a potência sensitiva memorativa é relativa à potência intelectiva. Isso implica uma reciprocidade entre as respectivas operações dessas potências, não quanto aos objetos que são distintos, nem mesmo quanto às potências que também se distinguem, mas quanto à produção do que é próprio da potência mais nobre, a intelectiva, pois, neste caso, as potências inferiores operam em função da superior. E é deste modo que se pode entender de que maneira a intelectiva está na sensitiva, de modo virtual quanto à orientação da inferior sensitiva na consecução da imagem particular, sobre a qual o intelecto abstrai e gera a espécie universal.

Assim a memória é indispensável para o conhecimento intelectual, pela dualidade do ser humano de alma e corpo. Tomás defende uma harmonia, não uma oposição dualista; são como os dois lados de uma moeda, que são complementares, com o princípio intelectivo unido ao corpo como forma.[12] Por isso ele diz que a memória pertence apenas essencialmente à apresentação da imagem, e acidentalmente ao juízo do intelecto.[13] Pois está naturalmente voltada para as imagens, mas acidentalmente essas imagens podem auxiliar a aquisição do conhecimento.

10. TOMÁS DE AQUINO, *De memoria et reminiscentia*, l. 5, n. 6.

11. Ibid., l. 2, n. 2-6.

12. TOMÁS DE AQUINO, *Sum. Theo.*, q. 76, a. 1, resp.

13. TOMÁS DE AQUINO, *De memoria et reminiscentia*, l. 2, n. 10.

3. Exposição resumida sobre o comentário de Tomás ao livro "A memória e a reminiscência" de Aristóteles

Na primeira lição, Tomás afirma que alguns animais mais perfeitos, além dos homens, têm memória, mas estes diferem daqueles, porque, além da memória, também têm a reminiscência,[14] que será explicada melhor a partir da Lição 4. Depois, começa a distinguir a memória e diz que ela é relativa às coisas do passado,[15] a uma percepção de algo ocorrido.[16]

Na segunda lição, para esclarecer o que irá tratar, primeiro, mostra que o intelecto precisa das imagens para conhecer as coisas.[17] Em seguida, explica a que parte da alma pertence a memória. E diz que a memória não é apenas das coisas sensíveis, mas também das inteligíveis, de modo que estas se dão através de uma imagem. Assim, mostra que a memória se encontra essencialmente – e também a imaginação[18] – na primeira parte sensitiva da alma – o sentido comum – e acidentalmente na intelectiva, pois lhe convém apenas a imagem e o intelecto, enquanto está relacionado a uma imagem.[19] E diz que um dos sinais da memória pertencer a uma parte sensitiva é que também pertence a certos animais, além dos homens.[20]

Na terceira lição, incialmente mostra em relação a qual aspecto a memória se relaciona com a paixão e o hábito.[21] E diz que a memória recebe as coisas como em uma pintura.[22] E essa

14. TOMÁS DE AQUINO, *De memoria et reminiscentia*, l. 1, n. 2.

15. Ibid., l. 1, n. 10.

16. Ibid., l. 1, n. 12.

17. Ibid., l. 2, n. 2-6.

18. Ibid., l. 2, n. 16.

19. Ibid., l. 2, n. 10.

20. Ibid., l. 2, n. 13.

21. Ibid., l. 3, n. 1-5.

22. Ibid., l. 3, n. 9.

imagem pode ser considerada de dois modos: em si mesma, como uma imagem inteligível; ou de outro modo, enquanto ela se refere ao que sentimos antes, como uma imagem nossa.[23] O primeiro modo é relativo à imaginação ou mesmo ao intelecto, enquanto o segundo, enquanto é uma imagem que pertence a tal pessoa, pertence propriamente ao ato de memorizar.[24] Afirma também que é necessário um frequente ato de memorizar para desenvolver o hábito de guardar os objetos na memória, como ocorre com os outros hábitos.[25]

Na quarta lição, começa a investigar a reminiscência. Diz que a reminiscência se refere a algo que alguém aprendeu,[26] por isso ela é certa evocação do que já está na memória, de modo que não seja o mesmo que a memória, mas se utiliza dela como um caminho para recordar algo, a partir de algo conhecido.[27]

Na quinta lição, diz que a reminiscência é a procura por algo esquecido da memória, que parte de algo que está na memória e procede até descobrir o que parece que já não está mais nela.[28] E depois explica e dá exemplos de como ocorre o processo de sucessão e associação de um tema a outro para recordar,[29] tanto por semelhança, quanto por contrariedade ou proximidade.[30] E por fim, aponta quatro lições úteis para memorizar e recordar: "Primeiro, que estude o que queira reter e deduzir em alguma ordem. Segundo, que aplique a mente profunda e atentamente a essas coisas. Terceiro, que medite frequentemente as coisas conforme a ordem. Quarto, que comece a recordar a partir de um princípio.".[31]

23. TOMÁS DE AQUINO, *De memoria et reminiscentia*, l. 3, n. 14.

24. Ibid., l. 3, n. 17.

25. Ibid., l. 3, n. 22.

26. Ibid., l. 4, n. 6.

27. Ibid., l. 4, n. 8.

28. Ibid., l. 5, n. 4.

29. Ibid., l. 5, n. 5-12.

30. Ibid., l. 5, n. 6.

31. Ibid., l. 5, n. 13.

Na sexta lição, expõe como a reminiscência difere de aprender novamente. Primeiro, afirma que ambos são semelhantes enquanto são modos de recuperar um conhecimento esquecido. A reminiscência ocorre como a retomada de um princípio conhecido,[32] a partir da memória, de algo conhecido para algo desconhecido, por associação de um tema a outro, enquanto aprender novamente se dá como uma nova aquisição de um conhecimento, sem recorrer à memória.[33] Em seguida, dá exemplos de associação da reminiscência, inclusive um exemplo com o uso de letras.[34] No final da lição, diz que as coisas, que são mais frequentemente consideradas, são de mais fácil recordação, pois o costume é como uma natureza.[35]

Na sétima lição, considera a memória e a reminiscência em relação ao tempo. Diz que assim como existe uma distância do ponto de vista da extensão, existe também uma distância em relação ao tempo.[36] Afirma que a alma pode inteligir por figura semelhante e de modo proporcional, e mostra alguns exemplos do ponto de vista de proporção geométrica.[37] No fim, considera essa proporção em relação ao tempo, como certa intensidade da imagem impressa na alma, de modo que possa facilitar ou dificultar o ato da memória.[38]

Na oitava lição, mostra três diferenças entre a memória e a reminiscência,[39] em parte já dito nas outras lições. Depois compara a reminiscência com silogismos, pela forma de associação e por semelhança a uma investigação.[40] Em seguida, relaciona a re-

32. TOMÁS DE AQUINO, *De memoria et reminiscentia*, l. 6, n. 5.

33. Ibid., l. 6, n. 1-4.

34. Ibid., l. 6, n. 9-10.

35. Ibid., l. 6, n. 11-12.

36. Ibid., l. 7, n. 2.

37. Ibid., l. 7, n. 7-10.

38. Ibid., l. 7, n. 11-12.

39. Ibid., l. 8, n. 1.

40. Ibid., l. 8, n. 2.

miniscência a uma paixão, enquanto possui certa relação e limite com o corpo,[41] e dá exemplos[42]. E continua com os exemplos de compleição natural, de um anão, de uma criança e de um ancião.[43] Por fim, conclui, dizendo que a reminiscência é relativa à parte sensitiva, não intelectiva, que no homem se dá de modo mais nobre do que nos outros animais, por causa do seu intelecto.[44]

4. Conclusão

Portanto, apesar da memória ser comum aos animais, há pelo menos dois aspectos que a diferenciam nos homens. Primeiro pela reminiscência, como ato do memorizar que intencionalmente investiga, como em um silogismo, a partir de um princípio que é mais conhecido até, por determinadas associações, alcançar o que estava oculto, que estava na memória.

Segundo, enquanto o homem precisa das imagens sensíveis para adquirir o conhecimento. Esse, porém, não é sensível, mas começa pelos sentidos de modo a ser guardado pela memória – e pela imaginação. Nos animais ocorre apenas uma associação necessária proveniente do instinto, sem que haja deliberação, ou mesmo um conhecimento intelectual.

Paulo Faitanin e
Bernardo Veiga

41. TOMÁS DE AQUINO, *De memoria et reminiscentia*, l. 8, n. 3-5.
42. Ibid., l. 8, n. 6-7.
43. Ibid., l. 8, n. 9-10.
44. Ibid., l. 8, n. 11.

Comentário sobre
"A MEMÓRIA E A REMINISCÊNCIA"
de Aristóteles

Lição 1[1]

Deduz-se a definição de memória, a partir de algumas coisas acerca das quais se diz haver memória

1. Utilizamos a numeração de Bekker para identificar o texto de Aristóteles. Quando aparecer apenas a numeração, sem referência a uma obra, será relativa à obra *A memória e a reminiscência*. Esta lição se refere a 449b4-30.

Texto de Aristóteles

Capítulo 1

[449b] [4] Sobre a memória e o memorizar deve-se dizer o que são, por qual causa são gerados, e à qual [5] das partes da alma essa paixão pertence. E, assim, também, em relação à reminiscência,[2] pois não são os mesmos que são capazes de memorizar e recordar; no geral, os que possuem boa memória, são lentos,[3] mas os que possuem boa recordação são rápidos e inteligentes.

Portanto, primeiro, deve-se considerar quais são os objetos da memória [10], pois, muitas vezes, eles enganam.

Ora, não é possível memorizar o futuro, mas ele pode ser objeto de opinião e expectativa. Haveria, porém, certa ciência da expectativa que alguns, de certo modo, dizem ser a adivinhação.[4]

---

2. Por "reminiscência" entende-se aqui a *capacidade de evocar a memória*. A "memória" é a capacidade de retenção, guarda e conservação de uma imagem sensível ou seu conceito inteligível. Portanto, há uma relação de anterioridade da memória à reminiscência. Essa dependência, por um lado, pode ser explicada pela própria relação de origem dessas palavras nas línguas grega e latina, pois possuem suas origens etimológicas relacionadas. Por outro lado, pela herança semântica, pois, em sentido geral, preservaram os mesmos significados e sentidos relacionados aos termos dos quais tiveram suas respectivas origens. Assim, em grego, essas duas palavras μνήμη [*mnéme*] e ἀνάμνησις [*anámnesis*], cujas origens etimológicas estão relacionadas, deram origem a essas duas palavras latinas *memoria* e *reminiscencia*, que também possuem suas origens etimológicas relacionadas. Além de origens etimológicas relacionadas tanto em grego quanto em latim, igualmente, preservaram seus respectivos sentidos em ambas as línguas.
3. ARISTÓTELES, *Historia animalium*. IX, c. 1, 608b13.
4. Aristóteles dedicou um breve opúsculo que trata desse tema em relação ao sonho: ARISTÓTELES, *De divinatione per somnum*, 462b12-464b18.

Nem é possível memorizar o presente, mas senti-lo, pois com os sentidos não conhecemos nem o futuro nem o passado, mas só o presente.

[15] A memória é, pois, relativa ao passado. Ora, o presente, quando é presente, como este objeto branco, quando alguém o vê, ninguém certamente dirá que o memoriza; nem que é contemplado, quando o esteja considerando pela inteligência, mas diz, pois, comumente, sentir isso que vê, porém que o contempla só ao conhecer. Quando, pois, se têm conhecimento e sensação sem atos, ocorre [20] memorizar que os ângulos do triângulo equivalem a dois ângulos retos: um, porque aprendeu ou contemplou; mas outro, porque ouviu, viu, ou algo semelhante. Com efeito, sempre quando alguém age segundo a capacidade de memorizar, diz-se, pois, que a alma ouviu isso antes, ou sentiu, ou entendeu.

Portanto, a memória não é sensação nem opinião, mas algum [25] destes: hábito ou paixão, quando o tempo do ocorrido passou. Ora, não há memória de um agora no próprio agora, como foi dito. Há sensação do presente, expectativa do futuro, mas a memória é do passado. Por isso, toda memória implica um lapso de tempo. Assim, os animais que percebem o tempo são os únicos capazes de memorizar [30], por meio disso que percebem o tempo.

Comentário de Tomás de Aquino

1. Como diz o Filósofo no Livro VII da obra *A História dos animais,*[5] a natureza procede paulatinamente dos inanimados para os animados, assim o gênero dos inanimados se encontra antes do que o gênero das plantas, que, de fato, parece ser animado se comparado com os outros corpos, mas parece inanimado em relação ao gênero dos animais. E, de modo semelhante, progride-se das plantas aos animais com certa ordem contínua, porque alguns animais imóveis que se aderem à terra parecem pouco diferir das plantas. Assim, também, no progresso dos animais aos homens são encontradas algumas coisas, nas quais aparece alguma semelhança com a razão. Como, pois, a prudência é uma virtude própria do homem (a prudência é a reta razão das ações, como se diz no Livro VI da *Ética*[6]), são encontrados alguns animais que participam da prudência, não pelo fato de

5. ARISTÓTELES, *Historia animalium.* VII [VIII], c. 1, 588b4-17.

6. ARISTÓTELES, *Ethica Nicomachea.* VI, c. 5, 1140b20-21. [*Ética a Nicômaco,* obra publicada em *Clássicos Edipro.* (N.E.)]

possuírem razão, mas por serem movidos pelo instinto natural, mediante as apreensões da parte sensível, para fazerem algumas ações, como se operassem pela razão. Ora, convém à prudência que o prudente se conduza por ela nas coisas iminentes a serem realizadas por ele, mediante a consideração não só das coisas do presente, mas também das coisas do passado. Por isso, Cícero, em sua *Retórica,*[7] pôs como partes da prudência, não só a providência, pela qual dispõe as coisas futuras, mas, também, a inteligência para que se considerem as coisas presentes, e a memória para que se apreendam as coisas passadas. Daí, também, nos outros animais, nos quais se encontra uma similitude da prudência participada, é necessário haver não só o sentido da presença, mas também a memória das coisas passadas. E, por isso, o Filósofo, no princípio da *Metafísica*[8], diz que os animais produzem a memória a partir dos sentidos e, por esse motivo, são prudentes.

2. Ora, assim como possuem uma prudência imperfeita em relação aos homens, assim também possuem uma memória. De fato, os outros animais apenas memorizam, mas os homens são capazes de memorizar e recordar. E, por isso, gradativamente, Aristóteles, depois do livro que tratou do sentido, que é comum a todos os animais, trata da memória e da reminiscência, das quais uma só é encontrada nos homens, mas a outra, no homem e nos animais perfeitos.

3. Portanto, divide-se este livro em duas partes. Na primeira, propõe a introdução, na qual manifesta o seu propósito. Na

---

7. MARCO TÚLIO CÍCERO, *Rethorici libri duo De inventione*, II, 53, 160. [M. TULLII CICERONIS, *Opera Omnia*. Uno volumine comprehensa curis secundis emendatiora et adnotationibus auctiora. Edidit Carolus Fridericus Augustus Nobbe. Lipsiae: Sumtibus et typis caroli Tauchnitil, 1850. p. 69].

8. ARISTÓTELES, *Metaphysica*, I, c. 1, 980a28-29.[*Metafísica,* obra publicada em *Clássicos Edipro*. (N.E.)]

segunda, começa a tratar dos temas propostos, onde diz: "portanto, primeiro". Acerca do primeiro diz que devem ser ditas duas coisas.

A primeira é sobre a memória e o memorizar, e qual é o ato da memória. E, acerca disso, propõe tratar de três questões, a saber, o que são a memória e o memorizar, qual é a sua causa e a qual parte da alma pertence a paixão da memória. De fato, todas as operações da parte sensitiva são certas paixões, pois sentir é certo padecer.

4. A segunda, ele propõe o que deve ser dito sobre a reminiscência. E não parece ser a mesma coisa a memória e a reminiscência. Ele acrescenta certo sinal de diferença entre elas por parte dos homens, nos quais ambas são encontradas. De fato, não são encontrados nos mesmos homens o ter uma boa memória e uma boa reminiscência, como, porém, acontece, frequentemente, que aqueles que têm boa memória são lentos para estudar e aprender. Contudo, outros recordam melhor, porque são mais rápidos na inteligência para estudar e melhores na aprendizagem do que outros.

5. A razão disso é que as diversas aptidões da alma dos homens para realizar ações provêm de diversas disposições do corpo. Vemos, porém, nas coisas corpóreas, que aqueles corpos que difícil e lentamente recebem uma impressão retêm bem a impressão, como a pedra. Outros corpos, porém, facilmente recebem, mas não retêm bem, como a água. E dado que a memória não é outra coisa que bem conservar o que recebeu uma vez, então os que são lentos para receber retêm bem o recebido, o que é memorizar bem. E aqueles que recebem fácil com frequência perdem com facilidade. Contudo, recordar é uma espécie de redescoberta de algo recebido anteriormente, mas não conservado. Portanto, aqueles que são rápidos na inteligência para descobrir e receber instrução também são bons em recordar.

6. Depois, quando diz: "portanto, primeiro", executa o propósito. E, primeiro, trata da memória. Segundo, considera a reminiscência, onde diz: "resta, porém, falar sobre a reminiscência"[9]. Acerca do primeiro, propõe três coisas. A primeira é mostrar o que é a memória. A segunda é mostrar à qual parte da alma a memória pertence, onde diz: "ora, sobre a imaginação"[10]. A terceira é saber qual causa gera a memória, onde diz: "alguém duvidará"[11].

E porque as operações, os hábitos e as potências são especificados pelos objetos, por isso, acerca do primeiro faz duas coisas. Na primeira, investiga qual é o objeto da memória. Na segunda, conclui o que é a memória, onde diz: "portanto, a memória". Acerca da primeira propõe dois assuntos. Primeiro, diz qual é a intenção. Segundo, manifesta o método, onde diz: "ora, não é possível memorizar o futuro". Portanto, primeiro, ele diz que para definir a memória é preciso considerar quais são os objetos da memória, porque os objetos são anteriores aos atos e os atos às potências, como foi dito no Livro II do *Sobre a alma*[12]. Ora, é necessário determinar isso, já que muitas vezes ocorre erro nisso, porque alguns presumem haver memória de algumas coisas das quais não há.

7. Depois, quando diz: "ora, não é possível memorizar o futuro", manifesta o propósito. E primeiro ele diz que a memória não é acerca das coisas futuras. Segundo, que também não é das coisas presentes, onde diz: "nem é possível memorizar o presente". Terceiro, que a memória é acerca das coisas passadas, onde diz: "a memória é, pois, relativa ao passado".

---

9. ARISTÓTELES, *De memoria et reminiscentia*, c. 2, 451a18.

10. Ibid., c. 1, 449b30.

11. Ibid., c. 1, 450a25.

12. ARISTÓTELES, *De anima*, II, c. 6, 415a18-20. [*Da alma*, obra publicada em *Clássicos Edipro*. (N.E.)]

Diz, pois, que não é possível ter memória das coisas futuras, mas é possível ter opinião delas por parte da potência cognoscitiva, ou seja, quando alguém opina algo futuro e espera por parte da potência apetitiva, ou seja, quando a esperança tende a algo futuro. Diz, porém, que também há uma ciência dos futuros, que pode ser denominada ciência "expectativa". Alguns, porém, denominam ciência da "adivinhação", porque por ela alguns podem conhecer o que ocorrerá no futuro, do que espera. Contudo, como a esperança trata das coisas futuras, que podem ser adquiridas pelo homem, mas semelhantes coisas são os futuros contingentes, dos quais não se pode haver ciência, segue-se que parece que não pode haver nenhuma ciência da expectativa das coisas futuras.

8. Deve-se dizer, porém, que não pode haver ciência dos futuros contingentes, considerados em si mesmos, mas, na medida em que são considerados em suas causas, pode haver ciência deles, enquanto algumas ciências conhecem algumas das suas inclinações para tais efeitos. Assim, pois, as ciências naturais tratam das coisas que se corrompem e são geradas. E, mediante esse modo, os astrônomos podem prenunciar, esperando alguns eventos futuros como, por exemplo, a fertilidade ou a esterilidade, segundo a disposição dos corpos celestes para tais efeitos.

9. Depois, quando diz: "nem é possível memorizar o presente", mostra que a memória não é acerca das coisas presentes, por isso se pode dizer que é própria dos sentidos, pelos quais não conhecemos nem o futuro, nem o que foi feito, isto é, o passado, mas apenas o presente.

10. Depois, quando diz: "a memória é, pois, relativa ao passado". E prova isso pelo uso comum do modo de falar. Quando, pois, algo está presente, como alguém que vê presencialmente o branco, ninguém dirá que ele memoriza o branco, como também ninguém diz que memoriza aquilo que pelo intelecto em ato está considerando, que considera e intelige em ato. Contudo, como comumente os homens veem o branco, denominam sentir, mas quando consideram algo em ato, denominam de um só modo: conhecer. Quando, porém, alguém tem ciência habitual e a potência sensitiva sem seus atos e operações, então se diz que memoriza os atos passados como, por exemplo, quando o intelecto considera ter o triângulo três ângulos que equivalem a dois ângulos retos e, talvez, ver sensivelmente a descrição da figura. E alguém memoriza a partir de certa parte da operação intelectual, porque aprendeu de outra pessoa, ou porque em si mesmo contemplou e memorizou a parte da apreensão sensível, porque ouviu, ou viu, ou percebeu por algum outro sentido. Sempre, pois, que a alma memoriza, prenuncia-se que antes ouviu, sentiu ou entendeu.

11. Fica evidente que não é a intenção do Filósofo dizer que não pode haver memória das próprias coisas que estão no presente, mas só daquelas que foram produzidas no passado. Ora, alguém pode não só memorizar os homens que já morreram, como também os que agora vivem; e, inclusive, alguém pode dizer que se recorda de si mesmo, conforme Virgílio escreveu: "Ulisses não sofreu tais atrocidades, e, num tão grande perigo, o ítaco não se esqueceu de si mesmo"[13]. Com isso, quis fazer entender que se recordou de si mesmo. Assim, a intenção do Filósofo é afirmar que a memória é das coisas passadas em relação à nossa apreensão, ou seja, que anteriormente sentimos ou inteligimos alguma coisa indiferentemente, ou aquelas coisas consideradas em si mesmas que estão ou não no presente.

---

13. VIRGÍLIO, *Eneida*, III, 628-629. Tradução direta do latim de Tassilo Orpheu Spalding. São Paulo: Cultrix, 2008. p. 67.

12. Depois, quando diz: "portanto, a memória", conclui a partir do exposto o que é a memória, porque não é nem sentido, porque o sentido é só do presente; nem opinião, que pode também ser das coisas futuras. Contudo, é preciso que a memória convenha a algum desses, ou por modo de um hábito, por exemplo, se é alguma potência permanente; ou por modo de paixão, por exemplo, se é uma impressão passageira. Ora, é assim que a memória pertence ao sentido ou à opinião: quando algum período de tempo se interpõe entre a apreensão anterior dos sentidos ou da opinião intelectual e a memória posterior deles, então, é possível ter memória da apreensão do passado. De fato, como foi dito, algo que é apreendido agora não pode ser memorizado no mesmo "agora", pois o sentido é do presente, a expectativa do futuro, mas a memória é do passado. E, por isso, é necessário que toda memória ocorra num lapso de tempo intermediário entre a memória e a anterior apreensão.

13. Disso se conclui que apenas os animais que podem perceber o tempo são capazes de memorizar. E a parte da alma pela qual eles memorizam, por meio dela, também, eles percebem o tempo. E na sequência isso será investigado.

Lição 2[14]

Demonstra-se com dois exemplos de que modo a memória pertence à parte intelectiva e sensitiva

14. Cf. 449b30-450a25.

Texto de Aristóteles

Capítulo 1

[449b] [30] Ora, sobre a imaginação foi dito antes no livro *Sobre a alma,*[15] inclusive, que não é possível inteligir sem a imagem.

[450a] [1] Com efeito, ocorre a mesma paixão no intelecto ao descrever o triângulo, pois não se usa ali nenhuma quantidade determinada, mas o desenhamos segundo uma quantidade finita. E, de modo semelhante, ocorre para quem o intelige, embora não intelija a quantidade, todavia a quantidade é posta diante dos olhos, mas não o [5] intelige com a quantidade que tem. Ora, se se trata da natureza das quantidades, daquelas indeterminadas, todavia, põe-se uma quantidade determinada, mas só o intelige enquanto tem quantidade.

Portanto, a causa pela qual não é possível inteligir nada sem o contínuo, nem sem o tempo, é outra questão.

Ora, é necessário conhecer a grandeza e o movimento [10] tal como se conhece o tempo. E a imagem[16] é uma paixão do sentido comum. Por isso, é manifesto que o conhecimento deles pertence ao sentido primário. Ora, a memória, que também é dos inteligíveis, não é sem imagem. Assim, pois, certamente será acidental ao conhecimento intelectivo, mas essencial ao conhecimento sensível primário.

[450a] [15] Por isso, também ela existe em alguns outros animais e não apenas nos homens e nos que possuem opinião e prudência. Se fosse, porém, alguma parte intelectiva, certa-

---

15. ARISTÓTELES, *De anima*, III, c. 3, 427b14-26.

16. Do grego: φάντασμα e do latim: *phantasma*.

mente não existiria em muitos outros animais e, talvez, em nenhum dos mortais.

De fato, não ocorre em todos, porque nem todos têm a capacidade de perceber o tempo. Sempre, pois, quando opera a [20] memória, como antes dissemos, é porque alguém já viu, ouviu ou aprendeu algo, porque sentiu tudo antes, e o antes e o depois ocorrem no tempo.

Portanto, é manifesto de qual das partes da alma é a memória, porque a imaginação também pertence a ela; pois são objetos essenciais da memória aqueles dos quais há imagem, mas [25] são objetos acidentais da memória aqueles dos quais não há imagem.

Comentário de Tomás de Aquino

1. Depois que o Filósofo mostrou o que é a memória, agora explica a que parte da alma pertence. E acerca disso faz duas coisas. Primeira, apresenta um ponto que é necessário para o esclarecimento do propósito. Segunda, manifesta o propósito, onde diz: "ora, é necessário conhecer a grandeza". E acerca da primeira, faz três coisas. Primeira, apresenta o que pretende. Segunda, esclarece com o que disse com o exemplo, onde diz: "com efeito, ocorre a mesma paixão". Terceira, mostra qual ponto sobre isso deve ser esclarecido em outro lugar, onde diz: "portanto, a causa pela qual". Portanto, primeiro, propõe que no livro *Sobre a alma*[17] foi dito sobre o que é a imaginação, a saber, que é um movimento produzido pelos sentidos em ato. No mesmo livro, também, foi dito que não é possível que o homem intelija sem imagens.

17. ARISTÓTELES, *De anima*, II, c. 3, 429a1-2.

2. Depois, quando diz: "com efeito, ocorre a mesma paixão", prova isso que disse por último. Com efeito, pode parecer incongruente para alguém que um homem não possa inteligir sem uma imagem, uma vez que a imagem é uma similitude da coisa corpórea, enquanto que o inteligir é de universais, que são abstraídos dos particulares. Portanto, para esclarecer isso, ele dá o seguinte exemplo. Acontece que o intelecto precisa de uma imagem, tal como acontece no desenho de uma figura geométrica – um triângulo –, que deve ser de alguma quantidade determinada, embora o geômetra, em sua demonstração, não use uma quantidade determinada para o triângulo. Da mesma maneira, a um homem que deseja inteligir alguma coisa, é proposta diante de seus olhos uma imagem de alguma quantidade determinada, na medida em que é singular, como ocorre, por exemplo, com os que desejam inteligir "homem": a imaginação propõe uma imagem de um homem de um metro de altura, mas o intelecto intelige "homem" enquanto é "homem", não enquanto tem essa quantidade.

3. Ora, porque o intelecto pode inteligir a natureza da quantidade, ele observa que, se as coisas devem ser inteligidas, elas são quantificadas por natureza: linha, superfície, número, não finito, ou seja, limitado por uma determinação da singularidade; no entanto, ele deve apresentar diante dos olhos uma imagem de quantidade determinada. Não ocorre, por exemplo, para um homem que quer inteligir "linha", uma imagem de uma linha de dois pés, mas o intelecto intelige "linha", só segundo a natureza da quantidade, e não por ser "de dois pés".

4. Depois, quando diz: "portanto, a causa pela qual", mostra para qual consideração reserva-se isso. E diz que há outra razão que mostra por que o homem não pode inteligir nada sem o contínuo e o tempo, na medida em que o homem nada pode inteligir sem uma imagem. Ora, é necessário que a imagem se refira ao contínuo e ao tempo, pelo fato de que ela é uma similitude de uma coisa singular, que existe aqui e agora, e isso não pode ser inteligido sem uma imagem. A razão pela qual o homem não pode inteligir sem uma imagem pode ser facilmente explicada, no caso da primeira recepção das espécies inteligíveis, que são abstraídas de imagens, segundo a doutrina de Aristóteles no Livro III do *Sobre a alma*[18]. Mas também é evidente, a partir da experiência, que quem já adquiriu conhecimento inteligível pelas espécies apreendidas pelo intelecto não pode considerar em ato o que sabe, exceto que tenha alguma imagem. Por isso, uma lesão no órgão da imaginação impede o homem não só de inteligir algo novo, mas também de considerar o que se pensava anteriormente, como é evidente no insano.

5. Ora, alguém poderia dizer que as espécies inteligíveis não permanecem no intelecto possível humano, exceto enquanto intelige em ato, mas, depois que deixa de inteligir em ato, as espécies inteligíveis perecem e param de estar no intelecto, do mesmo modo que a luz deixa de estar no ar, por causa da ausência do corpo luminoso. E, por isso, é necessário que o intelecto, se quiser inteligir de novo, volte para as imagens, para adquirir as espécies inteligíveis.

6. Ora, isso é expressamente contrário às palavras de Aristóteles no Livro III do *Sobre a alma*[19], ali onde diz que, como o intelecto possível produz cada um dos inteligíveis, que para ele são as suas espécies, então está também em potência para inteligir em ato. Refuta também aquela argumentação, o fato de que

18. ARISTÓTELES, *De anima*, III, c. 6, 431b12-17.

19. Ibid., c. 2, 429b5-6.

as espécies inteligíveis são recebidas em ato no intelecto possível, de maneira imóvel, segundo seu próprio modo. E, assim, o intelecto possível tem espécies inteligíveis, mesmo quando não intelige em ato; o que não ocorre com as potências sensíveis, nas quais, por causa da composição do órgão corpóreo, uma coisa é receber a impressão, que faz sentir em ato, e outra é reter, quando também as coisas não são sentidas em ato, como objeta Avicena[20]. Ora, isso ocorre por causa dos diversos graus do ser das formas inteligíveis: ou conforme a pura potência, como na descoberta ou na aprendizagem; ou de acordo com o ato puro, como quando alguém intelige em ato; ou conforme o modo intermediário entre a potência e o ato, que é ser em hábito. Portanto, o intelecto possível humano precisa de uma imagem, não só para adquirir as espécies inteligíveis, mas também para que de algum modo possa inspecionar as espécies nas imagens. E é isto que é dito no Livro III do *Sobre a alma*:[21] "portanto, o intelecto intelige as espécies nas imagens inteligíveis".

7. Ora, a razão para isso é que a operação é proporcional à virtude e à essência. O intelecto humano, no entanto, está na potência sensitiva, como é dito no Livro II do *Sobre a alma*[22]. E, por isso, sua operação própria é inteligir os inteligíveis nas imagens, assim como a operação própria do intelecto de uma substância separada é inteligir os inteligíveis em si mesmos.

20. AVICENA, *De anima*, V, c. 6 [*Avicenna Latinus*. Liber De Anima seu Sextus de naturalibus, IV-V. Édition critique de la traduction latine médiévale par S. Van Riet. Introduction sur la doctrine psychologique d'Avicenne par G. Verbeke. Ouvrage publié avec le concours de la Fondation Universitaire de Belgique. Louvain: Éditions Orientalistes; Leiden: E. J. Brill, 1968, p. 147-8, ver: 23-32].

21. ARISTÓTELES, *De anima*, III, c. 6, 431b2.

22. Ibid., II, c. 6, 415a1-14. Tomás tem em conta a doutrina de Aristóteles [*De anima*, II, c. 5, 414b 8-32], que afirma: "assim como o trígono está no tetrágono e o tetrágono no pentágono, do mesmo modo a potência nutritiva está na sensitiva e a sensitiva na intelectiva".

A causa dos diferentes modos de compreensão é dada pelo metafísico, a quem compete considerar os diversos graus dos intelectos.

8. Depois, quando diz: "ora, é necessário conhecer a grandeza", mostra a que parte da alma pertence a memória. Primeiro, por um argumento. Segundo, por meio de exemplos, onde diz: "por isso, também ela existe em alguns outros animais". Terceiro, conclui o proposto, onde diz: "portanto, é manifesto de qual das partes da alma é a memória". Portanto, primeiro diz que é necessário que a grandeza, o movimento e o tempo também sejam conhecidos pela mesma parte da alma. De fato, esses três estão ligados tanto na divisão, quanto no que constitui o infinito e o finito, como é provado no Livro VI da *Física*[23].

9. Ora, a grandeza é conhecida pelos sentidos, pois é um dos objetos dos sensíveis comuns. De igual modo, é conhecido o movimento, especialmente, o movimento local, na medida em que é conhecida a distância de uma grandeza. Mas o tempo é conhecido, na medida em que se conhece o anterior e posterior do movimento. Por isso, eles podem ser percebidos pelos sentidos. Ora, algo é percebido pelos sentidos de dois modos. De um modo, pela própria alteração do sentido pelo sensível e, assim, conhecemos tanto os sensíveis próprios quanto os comuns, e os sensíveis próprios a partir do sentido comum. De outro modo, algo é conhecido por certo movimento secundário, que permanece após a primeira mudança dos sentidos pelos sensíveis. Esse movimento permanece, às vezes, mesmo depois da ausência dos sensíveis e pertence à imagem, como foi considerado no livro *Sobre a alma*[24]. Mas a imagem, na medida em que aparece por meio desse movimento secundário, é uma paixão do sen-

23. ARISTÓTELES, *Physica*, VI, c. 2-4, 232a18-233a21.

24. ARISTÓTELES, *De anima*, II, c. 30, 428b10-429a2.

tido comum, pois segue toda a mudança operada nos sentidos, que começa a partir dos sensíveis próprios e termina no sentido comum. Por isso, é manifesto que esses três, a saber, a grandeza, o movimento e o tempo, na medida em que estão em uma imagem, são compreendidos e conhecidos pelo sentido comum.

10. Ora, a memória não é apenas dos sensíveis, como quando alguém memoriza o que sentiu, mas também dos inteligíveis, como quando alguém memoriza o que inteligiu. Isto não é, porém, sem uma imagem. De fato, os sensíveis, depois que passaram, não são percebidos pelos sentidos, a não ser em uma imagem. O inteligir também não é possível sem uma imagem, como anteriormente foi dito. Por isso, conclui que a memória pertence à parte intelectiva da alma, mas apenas acidentalmente, pois pertence essencialmente primeiro à parte sensitiva, ou seja, ao sentido comum. De fato, foi dito anteriormente que o intelecto propõe na imagem uma determinada quantidade, embora o intelecto, em si, considere a coisa ausente. Mas convém à memória a apreensão de tempo, de acordo com certa determinação, ou seja, uma distância do passado, a partir do instante no presente. Por isso, convém essencialmente à memória a apresentação da imagem, mas acidentalmente ao juízo do intelecto.

11. Pode parecer a alguém, do que foi dito aqui, que a imaginação e memória não são potências distintas do sentido comum, mas são certas paixões desse. Ora, Avicena[25] razoavelmente mostra que há diversas potências. Como, de fato, as potências sensíveis são atos dos órgãos corpóreos, é necessário convir às diversas potências a recepção das formas sensíveis, que pertencem aos sentidos, e a sua conservação, que pertence à imagem ou imaginação. O mesmo nós podemos ver nas coisas corpóreas,

25. AVICENA, *De anima*. IV, c. 1 [Ed. S. Van Riet, p. 5-6, ver: 56-66].

cuja recepção e conservação referem-se a um princípio, pois as coisas úmidas são bastante receptivas, mas as secas e duras são bem mais conservativas. De modo semelhante, também convém a outro princípio receber a forma, a outro conservar o que foi recebido pelos sentidos, e ainda a outro princípio perceber alguma significação não apreendida pelos sentidos. Embora a estimativa perceba o significado, mesmo em outros animais, é a potência da memória que retém, e isso é memorizar algo, não de modo absoluto, mas enquanto foi apreendido no passado pelos sentidos ou pelo intelecto.

12. Ocorre, todavia, que, das diversas potências, uma é raiz e origem das outras potências, e os seus próprios atos pressupõem o ato da primeira potência. Por exemplo: a potência nutritiva é como a raiz da potência do crescimento e da reprodução, pois ambas se utilizam da nutrição. Ora, de modo semelhante, o sentido comum é a raiz da imaginação e da memória, as quais pressupõem o ato do sentido comum.

13. Depois, quando diz: "por isso, também ela existe em alguns outros animais", manifesta o que disse por dois sinais. O primeiro é retirado da parte dos animais que possuem memória. E diz que, porque a memória é, essencialmente, relativa ao primeiro sensitivo, ela é encontrada em alguns outros animais que têm sentidos e carecem de intelecto; e a memória não existe só no homem e em alguns outros que possuem opinião, que pode pertencer ao intelecto especulativo, e prudência, que pertence ao intelecto prático. Se, porém, a memória fosse algo da potência intelectiva, não existiria em muitos outros animais, nos quais consta manifestamente que possuem memória, mas não possuem intelecto. E, talvez, não exista memória em alguns dos entes mortais, exceto no homem, pois só o homem entre os mortais possui intelecto.

14. Ele diz, porém, "talvez", porque alguns duvidaram se outros animais, além do homem, possuem intelecto, por causa de certas ações que se assemelham às operações da razão, como as ações dos macacos e de certos animais semelhantes.

15. O segundo sinal expõe quando diz: "de fato, não ocorre em todos", e também é retirado dos animais que não possuem memória. E diz que é evidente que a memória pertence essencialmente à parte sensitiva, porque mesmo agora quando supomos que só o homem, entre os mortais, tem intelecto, a memória não existe em todos os animais, mas eles só têm aquela memória, pela qual percebem o tempo. De fato, certos animais nada percebem, exceto na presença das coisas sensíveis, como certos animais imóveis, que por isso têm uma imaginação indeterminada, como se diz no Livro III do *Sobre a alma*[26]. Razão pela qual não podem conhecer o antes e o depois do tempo e, por conseguinte, não possuem memória. Sempre, pois, que a alma age pela memória, como antes foi dito, simultaneamente sente isso que antes viu, ou ouviu, ou aprendeu; mas o antes e o depois pertencem ao tempo.

16. Depois, quando diz: "portanto, é manifesto de qual das partes da alma é a memória", conclui o que propôs. E diz que é manifesto, pelo que foi dito, à qual parte da alma pertence a memória, porque ela pertence a essa parte a que convém à imaginação, e porque as coisas que são objetos essenciais da memória são aquelas das quais temos imagens, ou seja, objetos sensíveis, enquanto as coisas inteligíveis, que não são apreendidas pelo homem sem imaginação, são objetos acidentais da memória. Por essa razão, não podemos memorizar bem as coisas que

26. ARISTÓTELES, *De anima*, III, c. 10, 433b31-434a5.

têm uma consideração sutil e espiritual. Contudo, aquelas coisas que são brutas e sensíveis são melhores objetos da memória. É necessário, se desejamos facilitar a memorização de noções inteligíveis, que a relacionemos com algumas imagens, como Cícero ensina em sua *Retórica*[27]. Ora, a memória é colocada por alguns na parte intelectiva, na medida em que a memória é entendida como sendo toda conservação habitual das coisas que dizem respeito à parte intelectiva da alma.

---

27. PSEUDO-CÍCERO, *Ad C. Herennium, de arte rhetorica*, III, c. 16, 24 [Ed. G. Friedrich. Lipsiae, 1908. p. 58].

Lição 3[28]

Deduz-se a solução das dúvidas
de como se tem memória de algo ausente.
Toma-se a definição de memória
dos que a dizem possuir

28. Cf. 450a25-451a17.

Texto de Aristóteles

Capítulo 1

[450a] [25] Alguém duvidará, porém, como, pois, é possível que a paixão presente seja capaz de memorizar a coisa ausente, que não está presente.

É evidente, pois, que é necessário conceber que existe tal paixão produzida pelo sentido na alma e na parte do corpo que lhe corresponde, como uma pintura [30], cuja paixão nós dizemos ser algum hábito da memória. O movimento produzido imprime, pois, como uma figura sensível, tal como um anel imprime seu selo.

Por isso, também, quem [450b] [1] está em um forte movimento por causa da paixão ou pela idade não produz memória, como o movimento e o selo se incidissem em água corrente. Em outros, pois, por estarem desgastados, como as antigas edificações e, também, por causa da dureza [5] do que recebe a paixão, não ocorre a impressão. Razão pela qual muitos novos e velhos não memorizam: uns, pois, por causa do crescimento; outros, por causa do decrescimento. De modo semelhante, porém, também os muito rápidos, ou lentos, não parecem memorizar. Uns, pois, por serem mais fluidos do que o necessário, e os outros [10], mais duros. Portanto, em alguns, não permanece a imagem na alma; em outros, a imagem não atinge a alma.

Mas, então, se for isso que ocorre acerca da memória, é memorizada essa paixão ou aquilo a partir do qual ela foi produzida?

Se, pois, for o último, de fato, não haverá memória de objetos ausentes.

Se, porém, for o anterior, como sentir isso, como se memorizará [15] o que não sentimos e que está ausente?

E se for símile à figura ou pintura da própria sensação que há em nós, por que será a memória de outra coisa, mas não disso mesmo? Com efeito, quem age com a memória pensa essa paixão e a sente.

Portanto, como se memoriza o que não está presente? Pois, neste caso, será possível ver [20] e ouvir o que não está presente.

Ou é possível que ocorra isso? Pois, tal como desenhamos o animal no quadro, assim também é o animal e a imagem, e ainda que seja uma e mesma, são ambas as coisas; mas o ser não é o mesmo para ambas, pois pode considerar como animal e como imagem; assim também é necessário considerar a imagem em nós e [25] a própria realidade que existe em si e a imagem de outra coisa. Segundo, pois, é considerada em si mesma, ou é uma contemplação, ou é uma imagem; mas enquanto é outra coisa, é como uma imagem e uma memória. De fato, quando opera o movimento da imagem, se a alma a percebe em si, parece fazer-se presente como algo inteligível ou como imagem. Se, porém [30] for percebida como imagem de outra coisa, como em um quadro, considera-a como uma imagem; mesmo que alguém não veja Corisco, considera como uma imagem de Corisco, e essa é outra paixão dessa consideração. E quando considera um animal pintado [451a] [1], na verdade, na alma isso é apenas um inteligível, mas o que está ali, por ser imagem, é memorizado.

E, por isso, às vezes, não sabemos se o que foi produzido em nossa alma por semelhantes movimentos foi acerca do que sentimos antes; e se, de fato, ocorreu de sentirmos [5], às vezes, duvidamos se acerca disso há memória ou não. Ocorre, às vezes, inteligir e recordar, porque ouvimos ou vimos algo antes. E isso ocorre quando se muda da consideração de algo em si mesmo para considerá-lo como imagem de outra coisa. Ocorre, às vezes, o contrário, como aconteceu com Antiferonte de Oreto e outros que sofreram de tal enfermidade, pois falavam das imagens como fatos e como se as memorizassem. [10] Ora, isso ocorre quando alguém não considera a imagem como imagem.

As meditações salvam a memória ao recordar. Mas isso não é outra coisa do que contemplar muitas vezes, como uma imagem e não como algo em si mesmo.

Portanto, foi dito o que é a memória [15] e o memorizar, que é a possessão de uma imagem como um sinal do objeto do qual é imagem, e à qual das nossas partes pertence, ou seja, o primeiro sentido, com o qual percebemos o tempo.

Comentário de Tomás de Aquino

1. Depois que o filósofo mostra o que é a memória, e a que parte da alma pertence, mostra aqui a causa da reminiscência. E faz duas coisas. Primeiro, propõe uma dúvida. Segundo, soluciona-a, ali: "ou é possível que ocorra isso?". Acerca do primeiro faz três coisas. Primeira, menciona a dúvida. Segunda, indica algo que a dúvida supõe, onde diz: "é evidente, pois, que é necessário conceber que existe tal paixão". Terceira, induz argumentos para a questão, onde diz: "mas, então, se for isso que ocorre".

Portanto, primeiro diz que alguém pode duvidar que, ao usar a memória, alguma paixão afete no presente a alma; mas o objeto que é memorizado está ausente e, por causa disso, nós memorizamos aquilo que não está presente, ou seja, o objeto, e não memorizamos a paixão presente.

2. Depois, quando diz: "é evidente, pois, que é necessário conceber que existe tal paixão", manifesta o que pressupunha, a saber, que certa paixão existe na alma, enquanto memorizamos.

Primeiro, ele manifesta isso pela causa. Segundo, por meio de sinais, onde diz: "por isso, também, quem". Portanto, primeiro diz que é manifesto que se deve inteligir alguma paixão produzida pelos sentidos na alma, e no órgão do corpo animado. Razão pela qual dizemos que a memória da alma é como um hábito, e que a paixão é como uma imagem, uma vez que o sensível imprime sua semelhança nos sentidos, e essa semelhança permanece na imaginação, mesmo quando o sensível está ausente. E, por isso, ele acrescenta que o movimento que o sensível produz nos sentidos imprime uma imagem como alguma figura sensível, que permanece mesmo na ausência do sensível, ao modo daqueles que selam com anéis e imprimem certa figura na cera, que permanece, mesmo quando o selo ou o anel estão ausentes.

3. Diz, porém: *na alma e na parte do corpo*, porque a paixão, que é um ato do corpo orgânico, pertence à parte sensitiva. Desse modo, a paixão não pertence só à alma, mas ao composto. Além disso, a memória denomina *hábito* uma parte sua, porque a memória está na parte sensitiva. E o que conservamos na memória, às vezes, não o apreendemos em ato, mas o temos habitualmente.

4. Depois, quando diz: "por isso, também, quem", manifesta o que propôs, por meio de sinais, ou seja, que, ao usar a memória, a referida paixão esteja presente. E diz que, uma vez que tal paixão é necessária para a memória, ocorre que alguns não produzem a memória, porque estão envolvidos em muitos movimentos, e isso é por causa da paixão do corpo, como no enfermo ou no embriagado, ou por causa da alma, como naqueles que são movidos pela ira ou pela concupiscência. Isso também ocorre quando a idade é marcada pelo crescimento ou decrescimento. E, assim, por tais causas o corpo do homem está em um determinado fluxo e, por isso, não pode reter uma impressão produzida a partir do movimento da coisa sensível, como ocorreria se algum movimento ou mesmo uma marca fossem impressos na água fluente. A figura imediatamente desapareceria por causa do fluxo.

5. Contudo, em alguns outros a referida impressão não é recebida. De fato, às vezes, isso ocorre por causa da frigidez que congela os humores, como naqueles que estão com grande temor que, por causa da frigidez, não pode ser impresso algo em suas almas. E dá o exemplo de edifícios antigos, quando a parede é nova e, antes que o cimento endureça, pode ser facilmente alterada, mas não depois de ter endurecido. Ora, isso não ocorre, às vezes, por causa da frigidez, mas por causa da dureza natural do que deve receber a paixão. De fato, os corpos terrestres também possuem dureza se são quentes, mas os corpos aquosos são endurecidos através disso que os congela. E por conta das referidas causas, aqueles que são muito novos, como as crianças, e também os muito velhos, são deficientes na memória, porque os corpos das crianças estão em constante movimento por causa do crescimento, e os velhos, por causa do decrescimento. Portanto, em nenhum dos dois a impressão é bem retida.

6. Ocorre, porém, que o que se recebe na infância é firmemente guardado na memória por causa da veemência do movimento, tal como acontece com as coisas que nós admiramos e que ficam mais impressas na memória. Contudo, admiramo-nos principalmente com as coisas novas e inusitadas, pois as crianças, na medida em que estão tendo contato com o mundo, vão questionando sobre as coisas novas que são apresentadas pelo mundo, e ficam mais admiradas com alguns fatos por parecerem-lhes inusitados. Por esta razão, recordam-se com firmeza. Contudo, de acordo com a compleição do corpo que muda, ocorre naturalmente que as crianças tenham uma memória fraca.

Acrescenta, ainda, que, pelas mesmas razões expostas antes, não parece que ambos possuam boa memória, nem os que são especialmente rápidos na apreensão, nem os que são muito lentos. Os que são muito rápidos são mais úmidos do que deveriam ser, por isso é fácil para o úmido receber impressões. Mas os que são mais lentos são também mais duros. E, por isso, nos mais rápidos não permanece a impressão da imagem na alma. Ora, a memória *não é produzida nos duros*, isto é, eles não recebem a impressão da imagem.

7. O que foi dito pode ser exposto de outro modo. Primeiro, quando entendeu assinalar a causa do defeito da memória por causa do movimento que sobrevém, e depois demonstrou por meio do exemplo do novo e do velho. Segundo, quando designou uma causa da compleição natural, ou porque em alguns abunda o humor aquoso, que é frio e úmido e, por isso, as impressões das imagens são facilmente dissipadas neles, como edifícios antigos facilmente desmoronam; ou porque, em outros, o humor terroso abunda e, por isso, não recebem a impressão devido à sua dureza. E, depois disso, manifestou pelo exemplo dos que são rápidos e lentos.

8. Ora, é por isso que se deve considerar que já disse que a impressão da imagem é feita na alma e na parte do corpo, para que depois possa mostrar que os homens se relacionam de modos diferentes, com a impressão deste tipo, por causa das diversas disposições do corpo.

9. Depois, quando diz: "mas, então, se for isso que ocorre", argumenta-se sobre a questão antes proposta. E, primeiro, já manifestado o que foi suposto, resume a questão. E diz que se isso ocorre com a memória, a saber, que existe certa paixão presente nela, como uma pintura, deve-se perguntar se alguém memoriza essa paixão que está presente ao memorizar, ou a coisa sensível a partir da qual essa impressão foi feita.

10. O segundo argumento, onde diz: "se, pois, for o último", objeta uma parte e diz que, se o homem memoriza essa paixão presente, segue-se que não se memorizaria nenhum dos ausentes, o que é contra o que já foi decidido.

11. O terceiro argumento, onde diz: "se, porém, for o anterior", objeta a outra parte por três razões. Das quais expõe a primeira razão dizendo que, se alguém memoriza aquela coisa a partir da paixão produzida, parece ser inconveniente que um homem sinta o que está presente, ou seja, a paixão, e, simultaneamente, com isso memorize aquilo que está ausente, que não pode sentir. Ora, foi dito que a memória pertence ao primeiro sensitivo. E, assim, não parece que o sentido seja de um objeto e a memória de outro objeto.

12. Expõe a segunda razão, onde diz: "e se for símile à figura ou pintura", que, se uma paixão desse tipo, que está presente ao memorizar, está em nós como certa figura ou pintura dos próprios sentidos, representando a primeira mudança do sentido pelo sensível, por que a memória será de *outra*, ou seja, da coisa, e não da figura ou pintura que há em si mesma? Como, pois, a figura surge desde a sensação, é claro que pode ser apreendida. E também é evidente, a partir da experiência, que aquele que memoriza especula pelo intelecto algo acerca dessa paixão, ou sente pela parte sensitiva. Parece, porém, inconveniente que, estando isso presente, que cai sob a apreensão, não seja apreendido, mas outra coisa.

13. Expõe a terceira razão, quando diz: "portanto, como se memoriza o que não está presente?". E pergunta como alguém poderia memorizar o que não está presente por um sentido interno. Sendo o sentido externo conforme o sentido interno, seguir-se-ia que os sentidos externos sentiriam uma coisa que não está presente, assim, ocorreria ver e ouvir a coisa ausente, o que parece inconveniente.

14. Depois, quando diz: "ou é possível que ocorra isso?", resolve a questão proposta. Primeiro, ele mostra por qual causa é possível memorizar. Segundo, mostra qual é a causa pela qual algo é bem conservado na memória, quando diz: "as meditações salvam a memória ao recordar". Terceiro, ele resume, quando diz: "portanto, foi dito o que é a memória e o memorizar". Acerca do primeiro, faz duas coisas. Primeira, resolve a dúvida. Segunda, dá a solução por um sinal, onde diz: "e, por isso, às vezes, não sabemos". Portanto, primeiro diz que pode explicar como é possível e como ocorre isso que foi dito, ou seja, que alguém sinta a paixão presente e memorize a coisa ausente. E apresenta o exemplo de um animal pintado em um quadro, que é ao mesmo tempo um animal pintado e uma imagem de um animal real. E porque é o mesmo sujeito que se refere a ambos, diferem, porém, por duas razões. Uma é a consideração disso enquanto é o animal pintado, e outra é a imagem do animal real. Assim, também, a imagem que está em nós pode ser considerada como algo em si, ou como uma imagem de outra coisa. Em si mesma, é uma imagem inteligível, que o intelecto contempla ou a imaginação, na medida em que diz respeito à parte sensitiva. Contudo, enquanto é uma imagem de outra coisa, o que antes sentimos ou inteligimos, assim se considera como uma imagem que conduz a outra, que é o princípio do memorizar.

15. Portanto, quando a alma memoriza segundo o modo de uma imagem, se a alma se voltar para ela, por si só, assim parece estar presente para a alma, seja como algo inteligível que o intelecto inspeciona na imagem, ou simplesmente como a imagem que a potência imaginativa apreende. Se, porém, a alma se voltar para a imagem, na medida em que é a imagem de outra coisa, e considerá-la como uma imagem sua que antes sentimos ou inteligimos, como foi dito acerca da pintura, por exemplo, se alguém não vê Corisco e considera sua imagem como a imagem de Corisco, existe agora outra paixão nessa consideração, porque agora isso já pertence à memória.

16. E tal como ocorre com a imagem de um homem singular, como a de Corisco, que, às vezes, é considerada em si mesma e, por vezes, como uma imagem, assim também acontece com os inteligíveis que, às vezes, o intelecto inspeciona como uma imagem, como a de um animal pintado; se o intelecto a inspeciona em si mesmo, a imagem é considerada apenas como algo inteligível. Se, porém, o intelecto inspeciona a imagem enquanto é imagem, assim será um princípio de memorização, como acontece aí, isto é, no caso das coisas particulares.

17. Assim, pois, fica claro que, quando a alma se volta para a imagem, enquanto é certa forma reservada na parte sensitiva, é, pois, um ato da imaginação ou da fantasia, ou mesmo do intelecto que considera acerca disso o universal. Se, no entanto, a alma se volta para a imagem, enquanto é uma imagem sua, do que antes ouvimos ou inteligimos, isso pertence ao ato de memorizar. E porque o ser da imagem significa certa intenção acerca da forma, por isso, de modo conveniente, Avicena[29] diz que a memória se refere à intenção, mas a imaginação à forma apreendida pelos sentidos.

18. Depois, quando diz: "e, por isso, às vezes, não sabemos", manifesta o que dissera, por certos sinais. E diz que, porque me-

29. AVICENA, *De anima*, II, c. 2 [Ed. S. Van Riet, ver: 56-66].

morizamos quando atentamos para as imagens, na medida em que é sua imagem que antes sentimos e inteligimos, acerca do ato da memória, os homens o têm de três modos.

19. Por vezes, ocorrem em nós movimentos de imagens, as quais são produzidas a partir do que sentimos e são deixadas para trás a partir da primeira mudança dos sentidos próprios, pelos sensíveis. Contudo, nós não sabemos se esses movimentos estão em nós, porque nós já sentimos algo. E, por isso, nós duvidamos se memorizamos ou não.

20. Outras vezes, acontece que um homem intelige e se recorda de algo, porque antes ouviu ou viu algo, cuja imagem então ocorreu nele, o que é propriamente memorizar. Isso acontece quando um homem, que está contemplando uma imagem, é movido de fato pela própria imagem presente, mas a considera, na medida em que é a imagem de outro, que antes sentiu ou inteligiu.

21. O terceiro modo ocorre, às vezes, ao contrário do primeiro modo, para que o homem acredite que ele memoriza quando não memoriza, como aconteceu com certo homem chamado Antiferonte de Oreto[30]. E isso também acontece com aqueles que sofrem de transtorno mental. Pensam, pois, que as imagens que ocorrem com eles pela primeira vez são, por assim dizer, de alguns eventos anteriores, como se eles memorizassem aquelas coisas que eles nunca viram ou ouviram. Isso acontece quando se considera o que não é uma imagem de outro evento anterior, tal como se fosse a sua imagem.

30. Personagem pouco conhecido, mas que serve de exemplo para o caso em questão, a saber: os que padecem de alguma demência mental, a qual os faz crer que conhecem uma imagem que veem pela primeira vez e reportam ser conhecida por uma experiência anterior.

22. Depois, quando diz: "as meditações salvam a memória", mostra por que a memória é conservada. E diz que meditações frequentes sobre as coisas que sentimos ou inteligimos conservam a memória, para que alguém se recorde bem das coisas que viu ou inteligiu. A meditação não é nada mais do que considerar alguma coisa muitas vezes, como uma imagem das primeiras apreensões e não apenas em si mesma; de fato, o modo de conservar pertence à noção de memória. É claro, também, que no frequente ato de memorizar se fortalece o hábito de guardar os objetos da memória, como também qualquer hábito é fortalecido por meio de atos semelhantes, e, por uma multiplicação de causas, são fortalecidos os efeitos.

23. Depois, quando diz: "portanto, foi dito o que é a memória", resume de igual modo o que foi dito anteriormente. E diz que se constatou o que é a memória e o memorizar, porque a memória é um hábito, ou seja, certa preservação habitual de uma imagem, não, de fato, em si (por isso diz respeito à potência imaginativa), mas na medida em que a imagem é uma imagem de algo antes sentido. Foi dito também à qual parte da alma elas pertencem, que existem em nós, ou seja, pertencem ao primeiro sensitivo, enquanto por meio disso conhecemos o tempo.

Lição 4[31]

Conclui o que é a própria reminiscência, que não é nem meramente memorizar, nem aprender de novo

31. Cf. 451a18-b10.

Texto de Aristóteles

Capítulo 2

[451a] [18] Resta, porém, falar sobre a reminiscência. Primeiro, pois tudo o que for verdadeiro nos argumentos racionais deve ser estabelecido [20] como válido.

A reminiscência não é uma retomada nem aquisição da memória.

Quando, pois, alguém adquire ou experimenta algo, não recupera em nada a memória, pois nenhuma memória antes foi feita.

Nem a adquire desde o princípio, pois há memória quando o hábito ou a paixão foram produzidos, e quando a paixão [25] surge não se produz a memória.

Ademais, é produzida primeiramente como algo indivisível e último, pois a paixão e a ciência não existem ainda no paciente, se se cabe chamar ciência o hábito ou a paixão. Ora, nada impede de se memorizar por acidente algumas coisas que conhecemos. Mas não é possível que se memorize algo [30] até que passe certo tempo. De fato, memoriza-se agora o que se ouviu, viu, ou o que aconteceu antes, e não se memoriza agora o que ocorreu agora.

Ademais, é manifesto [451b] [1] que é possível memorizar, mas não o que agora se recorda, e sim o que sentiu e padeceu desde o princípio.

Ora, quando se recupera o que antes teve de ciência ou de sensação, ou aquilo cuja posse nós chamamos memória, isso então é a reminiscência, não de algo dessas coisas que foram ditas [5], mas ocorre o memorizar e se segue a memória.

Nem sempre ocorre isso de voltar a apresentar algo que antes já esteve presente, ora ocorre, ora não. De fato, é possível aprender uma mesma coisa duas vezes. Portanto, é preciso distinguir a reminiscência da memória, e dizer que esta se produz a partir de um princípio mais importante do que aquele pelo qual os reminiscentes aprendem.

Comentário de Tomás de Aquino

1. Depois que o filósofo falou sobre a memória e o memorizar, agora ele trata só da reminiscência. Primeiro, diz a sua intenção. Segundo, segue o seu propósito, onde diz: "a reminiscência não é uma retomada nem aquisição da memória". Diz, pois, primeiro que, depois de falar sobre a memória, resta falar da reminiscência, nesta ordem, como quaisquer verdades que possam ser tomadas como raciocínios argumentativos, primeiro supondo como verdade real, pela qual se afasta de um prolixo argumento sobre essas coisas que pertencem à reminiscência.

2. Depois, quando diz: "a reminiscência não é uma retomada nem aquisição da memória", executa seu propósito. E acerca disso faz três coisas. Primeira, mostra o que é a reminiscência por uma comparação com outras apreensões. Segunda, determina o modo de recordar, onde diz: "ora, as reminiscências ocorrem porque naturalmente um movimento é feito depois de outro"[32].

32. ARISTÓTELES, *De memoria et reminiscentia*, c. 2, 451b10.

Terceira, mostra que tipo de paixão é a reminiscência, onde diz: "ora, que a reminiscência é uma paixão corpórea"[33]. E faz duas coisas relativas ao primeiro. Primeira, mostra o que não é a reminiscência. Segunda, o que é a reminiscência, onde diz: "ora, quando se recupera o que antes teve de ciência". Acerca do primeiro faz duas coisas. Primeira, propõe o que pretende. Segunda, manifesta o propósito, onde diz: "quando, pois, alguém adquire". Diz, pois, primeiro, que a reminiscência não é nem a retomada de memória, de maneira que a reminiscência não é outra coisa do que memorizar novamente, nem é de novo a primeira aquisição de algum objeto cognoscível, por exemplo, o que é produzido pelos sentidos ou pelo intelecto.

3. Depois, quando diz: "quando, pois, alguém adquire ou experimenta algo", manifesta o que disse. E acerca disso faz duas coisas. Primeira, mostra a diferença entre as duas coisas que propusera, a saber, da retomada e da aquisição da memória. Segunda, mostra que a reminiscência não é nem a retomada de memória, nem também a aquisição, onde diz: "ademais, é manifesto". Acerca do primeiro, faz duas coisas. Primeira, mostra que a aquisição não é a memória, porque aquele que adquire não memoriza. Segunda, mostra, por outro lado, que o memorizar não é uma aquisição, porque quem memoriza não adquire algo novo: "nem a adquire desde o princípio". Diz, que, quando alguém primeiro aprende ou sofre uma apreensão sensível, não ocorre nenhuma memória naquele momento, porque nada se repete, a menos que antes tenha existido. Ora, nenhuma memória precedeu. Por isso, conhecer ou sentir primeiro não é recorrer à memória.

4. Depois, quando diz: "nem a adquire desde o princípio", mostra que o memorizar não é a primeira aquisição. E acerca

33. ARISTÓTELES, *De memoria et reminiscentia*, c. 2, 453a14.

disso faz duas coisas. Primeira, mostra que o memorizar não consiste na aquisição de conhecimentos. Segundo, mostra que não consiste em adquirir no primeiro instante, onde diz: "ademais, é produzida primeiramente como algo indivisível e último". Diz, primeiro, que quem memoriza não adquire conhecimento da coisa memorizada desde o primeiro instante. Com efeito, como a memória é acerca do acontecido, como foi referido anteriormente, então só há memória quando ocorre conhecimento por modo de um hábito ou, pelo menos, de uma paixão, que já tenha existido. Ora, quando ocorre a primeira paixão, a saber, na aquisição de conhecimento, ainda não foi produzida. Portanto, a memória ainda não está presente no homem.

5. Depois, quando diz: "ademais, é produzida primeiramente como algo indivisível e último", mostra que não há memória, seja por modo de um hábito ou por modo de paixão, no primeiro instante em que o conhecimento é apenas alcançado; como ainda não há conhecimento, quando o conhecimento não é mudado para hábito. Deve-se considerar como o que se prova no Livro VI da *Física*[34], que diz que algo é passado no primeiro instante indivisível, que é o último movimento da medida do tempo.

Diz, portanto, que, quando o primeiro conhecimento foi produzido no indivisível, que é o último do tempo da geração do conhecimento, pode ser dito que naquele instante já está no *paciente*, isto é, a aquisição do conhecimento, a paixão e a ciência, de maneira que não fazemos estritamente aqui a aplicação do nome ciência, que significa propriamente um hábito, mas estamos tomando esse nome como um termo comum para hábito e para paixão. E a razão disso se dá porque, no último instante da geração, é verdadeiro dizer que aquilo é o motivo pelo qual houve a geração, por exemplo, no último instante da geração do fogo, o

34. ARISTÓTELES, *Physica*, VI, c. 7, 235b30-236a15.

fogo já existe. Ora, como a ciência existe, nada impede memorizar as coisas que já sabemos, mas isso se dá por acidente. De fato, não memorizamos essas coisas na medida em que temos a ciência delas no presente, mas não é essencialmente possível memorizar antes de transcorrido o tempo, ou seja, antes que um tempo intermediário se interponha entre o conhecimento já existente e a própria memória. Com efeito, alguém memoriza agora o que antes ouviu, ou viu, ou sofreu de qualquer outra forma. Contudo, não se recorda do que está ocorrendo agora. Ora, é manifesto que se diz que o primeiro está padecendo agora no último instante da paixão, então, portanto, não pode haver memória.

6. Depois, quando diz: "ademais, é manifesto", mostra, ainda, que a reminiscência não é uma retomada da memória, nem a aquisição de algo novo. E diz que foi esclarecido pelo exposto anteriormente que *o memorizar não* acontece *com uma pessoa que agora está recordando*, ou seja, alguém não memoriza o que aqui e agora está recordando, mas do que sentiu ou de qualquer outra paixão que no princípio sentiu. E, assim, a reminiscência não é a retomada da memória, mas se refere a algo que alguém antes apreendeu.

7. Depois, quando diz: "ora, quando se recupera o que antes teve de ciência", mostra o que é a reminiscência. E, primeiro, diz que a reminiscência é a retomada do primeiro conhecimento. Segundo, mostra que nem toda retomada é a reminiscência: "nem sempre ocorre isso". E, primeiro, diz que a reminiscência não é a retomada da memória, mas como alguém recorre àquilo que antes conheceu ou sentiu pelo sentido próprio ou comum, desse modo dizemos *ser* um hábito a *memória*. De fato, assim como memorizar se refere ao primeiro conhecimento recebido, assim, também, a reminiscência. *E, então, é a reminiscência*, a saber, quando de algum modo recorremos à primeira apreensão,

mas não que a reminiscência seja alguma daquelas coisas que foram ditas, isto é, os sentidos, a memória, a imagem ou a ciência. Ora, pela reminiscência ocorre o memorizar, porque a reminiscência é certo movimento para memorizar. E, assim, a memória segue a reminiscência, assim como o término do movimento.

8. No entanto, segundo outra forma de entender, a reminiscência segue a memória, pois assim como a investigação da razão é o caminho para o conhecimento de algo, e procede de algo conhecido, assim também a reminiscência é o caminho para a memória de alguma coisa, e procede de algo memorizado, como ficará evidente a seguir.

9. Depois, quando diz: "nem sempre ocorre isso", mostra aqui que não é qualquer retomada dos sentidos ou da ciência que é a reminiscência. E diz que não é uma verdade universal que a reminiscência seja produzida sempre que o conhecimento da ciência ou sentido, que era possuído anteriormente, é reproduzido novamente. Contudo, é possível, de algum modo, recorrer à ciência e ao sentido para recordar, mas, também, de algum modo, não. E que isso não seja universalmente verdade, mostra assim: acontece com o mesmo homem, depois que ele perde ou descobre a mesma ciência aprendida de antes, e isso, porém, não é recordar. Portanto, é necessário que recordar difira disto, ou seja, do aprender de novo ou do descobrir pela segunda vez. E há algo mais envolvido nisso que é o princípio da reminiscência, que é requerido para a aprendizagem. No entanto, o que é esse algo mais será demonstrado na sequência.

Lição 5[35]

Propõe-se a causa da reminiscência,
o modo pelo qual ocorre a reminiscência;
e é exposto porque se memorizam mais
as coisas próximas do que as mais longes

35. Cf. 451b10-452a4.

Texto de Aristóteles

Capítulo 2

[451b] [10] Ora, as reminiscências ocorrem porque naturalmente um movimento é feito depois de outro. Se, de fato, a reminiscência for por necessidade, é manifesto que, quando ela for movida, ela será movida pelo que a afeta. Se, porém, a reminiscência não for por necessidade, mas por costume, então ela será movida muitas vezes. Ocorre, porém, que alguns, com um só movimento, acostumam-se mais rápido do que [15] outros que necessitam de muitos movimentos. Por isso, alguns que veem uma só vez lembram melhor do que outros que veem muitas vezes.

Portanto, quando nós recordamos, somos movidos por algum dos primeiros movimentos, certamente, até depois daquele movimento acostumado. Por isso, devemos seguir meditando a partir do proposto agora, ou de outra coisa, do semelhante ou do contrário, ou [20] do próximo. Devido a isso, produz-se a reminiscência, pois os movimentos dessas coisas são, em alguns, os mesmos, em outros, simultâneos, e, em outros, têm parte deles, de modo que é pouco o que resta do movimento que se percebeu depois disso que se busca. Portanto, é assim que se investiga, ainda que não busque investigar; é assim que ocorre a reminiscência, quando um movimento se produz depois do outro, porém, conforme muitos outros [25] movimentos produzidos, com os quais dissemos que se produz a reminiscência.

Contudo, não é preciso investigar o modo como memorizamos o que está longe e nem o que está próximo, pois é evidente que o modo é, igualmente, o mesmo para ambos.

Digo, porém, o modo como procede, não antes de querer recordar, nem o que já se está recordando, pois os movimentos seguem um depois do outro pelo costume. Portanto, quando se quer recordar, [30] será feito deste modo, ou seja, procurar tomar um princípio do movimento, depois do qual estará o que se busca.

Por isso, as reminiscências são produzidas de modo mais rápido e melhor [452a] [1], a partir de um princípio, pois, assim como se têm as coisas umas relativas às outras em sequência, assim também se têm os movimentos.

E são mais fáceis de recordar todas as coisas que possuem certa ordem, como a matemática, do que as que são mal ordenadas e mais difíceis.

Comentário de Tomás de Aquino

1. Depois que o Filósofo investigou como a reminiscência se relaciona com as outras coisas que pertencem ao conhecimento, começa aqui a mostrar o modo de recordar. Primeiro, mostra o modo de recordar. Segundo, mostra a diferença entre memória e a reminiscência, onde diz: "portanto, não são as mesmas pessoas"[36]. Sobre o primeiro faz duas coisas. Primeira, mostra o modo de recordar, com referência às coisas que nós nos recordamos. Segunda, com referência ao tempo, pois a reminiscência diz respeito ao tempo, tal como a memória, e isso onde diz: "é preciso, porém, conhecer melhor o tempo"[37]. E faz duas coisas relativas ao primeiro. Primeira, expõe a causa da reminiscência. Segunda, mostra o modo pelo qual se procede na reminiscência, onde diz: "portanto, quando nós recordamos". A causa, porém, da reminiscência é a ordem dos movimentos, que são

---

36. ARISTÓTELES, *De memoria et reminiscentia*, c. 2, 453a4.

37. Ibid., c. 2, 452b7.

deixados na alma pela sua primeira impressão, pela qual primeiro apreendemos.

2. Portanto, ao propor primeiro essa causa, diz que a reminiscência é possível porque, naturalmente, ocorre em nós a percepção de um movimento depois do outro. E isso acontece de dois modos. De um modo, quando o segundo movimento segue depois do primeiro movimento por necessidade, por exemplo, assim como para a apreensão de "homem" segue necessariamente a apreensão de "animal". E, assim, fica claro que, quando a alma é movida pelo primeiro movimento, ela também será movida pelo segundo. Outro modo, quando o segundo movimento não segue o primeiro por necessidade, mas por costume. E isso ocorre porque alguém se acostumou, após esse primeiro movimento, a pensar, ou dizer, ou fazer; e, então, o segundo movimento nem sempre segue depois do primeiro, mas, na sua maior parte, assim como os efeitos naturais seguem suas causas na maioria das vezes, mas nem sempre.

3. Contudo, as coisas ditas do costume não são igualmente confirmadas em todos os homens. Mas ocorre que alguém, por pensar mais rápido do que outro, em apenas uma única vez, firma o costume mais nele do que no outro, mesmo que o outro pense muitas vezes, numa sequência, isto depois daquilo. E isso pode acontecer por causa da natureza, que é mais receptiva ou retentora da impressão. Por essa razão, também, acontece que nós memorizamos algo que vimos uma única vez, mais do que outras coisas que vimos muitas vezes. Isso porque aquelas coisas a que aplicamos nossa inteligência com mais vigor permanecem mais na memória. Contudo, aquelas coisas que vemos, ou consideramos superficial e levemente, escapam rapidamente da memória.

4. Depois, quando diz: "portanto, quando nós recordamos", mostra como procede a reminiscência, pressupondo a referida ordem de movimentos. E acerca disso faz duas coisas. Primeira, mostra o modo de proceder na reminiscência. Segunda, mostra onde a pessoa deve proceder na reminiscência, onde diz: "é preciso, porém, que um princípio seja tomado"[38]. Acerca da primeira faz duas coisas. Primeira, mostra o modo pelo qual se procede na reminiscência. Segunda, a partir disso, mostra como diferem a reminiscência e a aprendizagem, o que ficara indeterminado anteriormente, onde diz: "e nisto difere recordar de aprender de novo"[39]. Acerca do primeiro faz três coisas. Primeira, estabelece o modo da reminiscência. Segunda, a partir disso, resolve certa dúvida, onde diz: "contudo, não é preciso investigar o modo como memorizamos". Terceira, ele manifesta o propósito por exemplos, onde diz: "por isso, as reminiscências são produzidas de modo mais rápido e melhor". Primeiro, conclui, a partir das premissas, que se um movimento se segue após o outro, por necessidade ou por costume, é necessário que, quando nos recordamos, movamo-nos de acordo com algum desses movimentos até chegarmos a apreender esse movimento que costuma ser depois do primeiro. Esse é o movimento que pretendemos redescobrir por recordar, porque a reminiscência não é nada mais do que a procura por algo que saiu da memória. E, por isso, nós vamos *recordando*, isto é, investigamos o que consequentemente vem depois do anterior, que temos na memória. De fato, assim como aquele que investiga pela demonstração procede de algo anterior, que é conhecido, para chegar a algo posterior, que não é conhecido, assim também a reminiscência parte de algo anterior, que se tem na memória, e procede até redescobrir o que saiu da memória.

38. ARISTÓTELES, *De memoria et reminiscentia*, c. 2, 452a12.

39. Ibid., c. 2, 452a4.

5. Ora, esse primeiro modo, pelo qual a reminiscência começa a sua investigação se dá, às vezes, por meio de algum tempo conhecido, outras vezes, por algo conhecido. Quando começa com o tempo, às vezes, começa a partir *do agora*, isto é, procedendo do tempo presente para o passado, pelo qual busca a memória. Assim, por exemplo, procura-se memorizar o que fez há quatro dias, considerado desta maneira: hoje fiz isso, ontem aquilo, antes de ontem aquilo outro, e seguindo assim a sucessão de movimentos habituais, chega à solução do que fez no quarto dia. De fato, às vezes, começa-se a partir de algum outro tempo como, por exemplo, se alguém retém na memória o que fez há oito dias e esqueceu o que fez há quatro dias, e procede voltando ao sétimo dia, até que chegue ao quarto dia, ou também que vá do oitavo dia ao décimo quinto dia, ou mesmo em algum outro tempo passado.

6. De modo semelhante, alguém também às vezes se recorda começando por alguma coisa da qual tem memória, da qual procede para outra. E isso por três razões. Primeira, por causa da semelhança, como quando alguém tem a memória de Sócrates e a partir disso lhe vem à memória Platão, que é semelhante a Sócrates em sabedoria. Segunda, por causa da contrariedade, como quando alguém tem memória de Heitor e por isso lhe vem à memória Aquiles. Terceira, por causa de alguma proximidade, como quando alguém tem a memória de pai e por isso lhe vem à memória o filho. E as mesmas razões são válidas para qualquer outra proximidade, seja da sociedade, lugar, ou tempo. E por causa disso, produz-se a reminiscência, porque seus movimentos seguem uns aos outros.

7. Ora, alguns dos movimentos anteriores são do mesmo gênero, especialmente entre as coisas semelhantes; mas alguns são simultâneos, a saber, o dos contrários, pois conhecido um dos contrários, simultaneamente, conhece-se o outro. De fato, às vezes, alguns movimentos têm parte de outros, como ocorre nos movimentos que são próximos, porque em cada um dos próximos considera-se algo que pertença ao outro. E, por isso, aquele resíduo que fica de fora da apreensão, sendo pequeno, segue-se o movimento anterior, como apreendido primeiro, consequentemente ocorre a apreensão do segundo.

8. Ora, deve-se notar ainda que, por vezes, busca-se o movimento posterior por algum anterior, conforme o referido modo, pelo qual alguém busca encontrar o movimento seguinte perdido. E isto é propriamente recordar, a saber, quando alguém procura intencionalmente a memória de alguma coisa. Ora, ocorre, às vezes, que também os que não buscam memorizar, porque provêm de um primeiro movimento para um movimento posterior, como foi dito, chegam à memória de algo, pois o movimento da coisa esquecida produz-se na alma após o outro. E isso ocorre, *na maioria das vezes*, para além da intenção, em muitos outros movimentos realizados como dissemos, ou seja, símiles, contrários ou próximos, a partir dos quais surgiu aquele movimento que ocorreu. Mas isso é vagamente denominado reminiscência. Ora, é casualmente memorizado, segundo certa similitude com a reminiscência.

9. Depois, quando diz: "contudo, não é preciso investigar o modo como memorizamos", resolve pelas premissas certa dúvida. Alguém poderia duvidar disso e dizer como frequentemente memoriza as coisas antigas, como as que ocorreram muitos anos antes, e não memoriza as que são recentes, como as que ocorreram antes, há poucos dias.

10. Ora, o próprio Aristóteles diz que não é necessário *aplicar* a mente nisso, ou seja, ser perturbado pela dúvida, porque é óbvio que isso ocorre de algum modo, da mesma forma como foi explicado nas premissas. E resume o que foi dito, ou seja, que por vezes acontece que a alma aprende ao apreender o que é consequente, que tinha esquecido, sem isso que antes buscava, ou pela intenção buscava recordar, porque pelo costume um movimento segue a outro. Por isso, excitando o primeiro movimento, segue-se o segundo, mesmo se o homem não o intencionava. E como ocorre isso pelo costume para além da intenção, assim também alguém fará isso quando quiser recordar pela intenção, pois procura obter o primeiro movimento para onde segue o movimento posterior. E porque, às vezes, ocorre que seus movimentos são antigos, são mais confirmados pelo costume por causa desses movimentos que, ocasionalmente, são memorizados mais, seja pela investigação ou não.

11. Depois, quando diz: "por isso, as reminiscências são produzidas", manifesta o referido modo com dois exemplos. Primeiro, porque a partir do primeiro movimento, pelo costume, chega-se ao movimento posterior, seja investigando ou não, a partir do que se produzem memórias mais rápidas e melhores, quando alguém começa a meditar desde o princípio de todo processo; porque os movimentos da alma são formados em conformidade com as coisas, na ordem em que umas coisas seguem as outras, como quando buscamos algum verso, começamos antes pelo início.

12. Expõe o segundo exemplo, quando diz: "e são mais fáceis de recordar". E diz que as coisas mais fáceis de recordar são bem ordenadas, como a matemática e os teoremas matemáticos, estes são concluídos a partir do primeiro, e assim por diante. Ora, as coisas que são mal ordenadas são recordadas mais dificilmente.

13. Portanto, para bem memorizar e recordar, podemos aprender quatro lições úteis do precedente. Primeiro, que estude o que queira reter e deduzir em alguma ordem. Segundo, que aplique a mente profunda e atentamente a essas coisas. Terceiro, que medite frequentemente as coisas conforme a ordem. Quarto, que comece a recordar a partir de um princípio.

Lição 6[40]

Demonstra-se como diferem a reminiscência, a aprendizagem ou a descoberta do novo e por qual razão a reminiscência deve partir de um princípio

40. Cf. 452a4-b6.

Texto de Aristóteles

Capítulo 2

[452a] E nisto difere recordar de aprender de novo, porque alguém poderia de certo modo se mover para o que está depois do princípio. Quando, pois, não é assim, mas por outro modo, então ainda não se memoriza.

Muitas vezes, porém, já não se pode, de fato, recordar, mas se pode seguir investigando. Contudo, isso produz muitos movimentos, até que se alcança semelhante movimento ao qual se segue para recordar. De fato, memorizar é ter a capacidade de causar movimento, isso, porém, na medida em que alguém sente em si mesmo e se move mediante os movimentos que possui, tal como foi dito.

É preciso, porém, que um princípio seja tomado.

Por isso, parece que, às vezes, recorda-se a partir de lugares.

Ora, a causa é que se passa rapidamente de uma coisa para outra, como de leite para branco, de branco para ar e deste para úmido, a partir do qual alguém memoriza o outono, a estação a qual se procurava recordar.

Contudo, parece que o princípio universal de todas as coisas é o meio. Se, pois, não se alcança antes, alcançar-se-á quando recordar disso; ou, se não se alcança, já não será de outro modo. Se alguém pensasse em tais coisas como ABGDEZIT, se, pois, não se recordar de algo em E, recordará em T, pois dali pode-se mover em ambas as direções, para D, como para E. Contudo, se não buscava nenhuma dessas, ao chegar a G se recordará se estava buscando I ou Z, e, se não, recordará ao chegar em A. E, assim, sempre.

Ora, a causa de que alguns, a partir de um mesmo princípio, às vezes, memorizam o mesmo, mas outros, às vezes, não, ocorre porque alguém pode se mover para mais de uma direção, como do próprio G para E ou para D. Se, então, não é movido pela idade, é movido pelo costume, pois o costume já é como uma natureza. Por isso, as coisas que pensamos muitas vezes, rapidamente, são recordadas. De fato, tal como na natureza onde uma coisa ocorre depois da outra, assim, também, [30] ocorre isso com a ação, cuja repetição, muitas vezes, gera uma natureza.

Contudo, porque, assim [452b] [1] como naquelas coisas que são naturais, nas quais acontecem coisas fora da natureza e por acaso, assim também, e com maior força, ocorrem naquelas coisas que são por costume, nas quais a natureza, semelhantemente, não está presente; pois alguém pode se mover, às vezes, para uma direção e, outras vezes, para outra, sobretudo, quando é atraído de volta, neste caso, para qualquer direção e, por isso, quando [5] precisa recordar-se de um nome, se conhece outro parecido, nisso erra se troca um pelo outro.

Portanto, desse modo ocorre a reminiscência.

Comentário de Tomás de Aquino

1. Depois que o filósofo mostrou o modo de recordar, explica aqui duas coisas ditas anteriormente. A primeira, como a reminiscência difere de aprender novamente. A segunda, que para recordar é necessário começar do princípio, onde diz: "é preciso, porém, que um princípio seja tomado". E faz duas coisas, acerca da primeira. Na primeira, ele mostra como diferem a reminiscência e o aprender novamente. Na segunda, como diferem a reminiscência e a redescoberta, onde diz: "muitas vezes, porém".

Acerca da primeira, deve-se considerar que tanto aquele se recorda como aquele que reaprende recuperam o conhecimento que perderam. Ora, aquele que se recorda o recupera sob a função da memória, ou seja, em relação ao que antes foi conhecido. Contudo, aquele que reaprende o recupera absolutamente, não como algo antes conhecido. Agora, como não alcançamos um conhecimento desconhecido, exceto por alguns princípios já conhecidos, é necessário que os princípios, a partir dos quais procedemos a fim de conhecer algo desconhecido, sejam do mesmo gênero, como fica claro no primeiro livro dos *Analíticos posteriores*[41]. E, por isso, é necessário que a reminiscência, para recuperar o conhecimento sob a função da memória, proceda de alguns princípios recordados, que não ocorre ao aprender novamente.

2. Portanto, diz que nisto difere a reminiscência e o aprender novamente, porque a reminiscência, de algum modo, tem o poder de ser movida para algo que segue uma primeira coisa retida na memória, como quando alguém se recorda que algo lhe foi dito, mas se esqueceu de quem lhe disse isso. Usará, pois, o que tem na memória para recordar o que foi esquecido. Ora, quando não consegue recuperar o conhecimento perdido pelo princípio retido na memória, mas por outra coisa que lhe é proposta de novo por um professor, não é memória nem reminiscência, mas aprender de novo.

3. Depois, quando diz: "muitas vezes, porém", mostra como difere a reminiscência e a redescoberta. E diz que o homem, muitas vezes, não pode agora recordar o que esqueceu, porque alguns movimentos não permaneceram nele, pelos quais poderia chegar àquilo de que se queria recordar. Mas se buscar, novamente, poderá avançar no conhecimento dessa coisa e, muitas vezes, encontrará o que procurava como se adquirisse de novo o conhecimento. Ora, isso ocorre quando a alma pensa em diversas coisas e é movida por muitos movimentos. E se ocorrer de chegar ao movimento, com o qual alcança o conhecimento da coisa, então dirá ter descoberto.

4. Portanto, embora possa descobrir, não pode recordar, porque a reminiscência ocorre quando o homem retém no inte-

41. ARISTÓTELES, *Analytica Posteriora*, I, c. 15, 75a38-b20. ["Analíticos posteriores", em *Órganon*, obra publicada em *Clássicos Edipro*. (N.E.)]

rior certa potência ou capacidade de conduzir-se aos movimentos da coisa que procura. Ora, isso ocorre quando pode chegar a isso que se move pelo movimento que ele perdeu por esquecimento. E isso por ele mesmo e não por causa de alguém que ensina, por exemplo, como ocorre quando reaprende, por movimentos antes possuídos, como foi dito, não por novos movimentos, como quando redescobre.

5. Depois, quando diz: "é preciso, porém, que um princípio seja tomado", mostra que é necessário que a reminiscência comece por um princípio. E acerca disso faz duas coisas. Primeira, mostra o propósito. Segunda, designa a causa do defeito, que, muitas vezes, sofremos na reminiscência, onde diz: "ora, a causa". E acerca do primeiro faz duas coisas. Primeira, ele mostra que é necessário começar a reminiscência a partir de um princípio. Segunda, o tipo de princípio, onde diz: "contudo, parece". Acerca do primeiro, faz três coisas. Primeira, propõe a intenção. E diz que é necessário que quem queira recordar tome um princípio a partir do qual comece a se mover, ou pensando, falando ou fazendo algo.

6. Segunda, onde diz: "por isso, parece", mostra o que disse por exemplos – que é, portanto, necessário que para a reminiscência de algo se tome um princípio, por onde começa proceder para a reminiscência, pois vemos que, por vezes, os homens parecem recordar os lugares nos quais coisas foram ditas, feitas ou pensadas. Usam o lugar como certo princípio para reminiscência, porque o acesso ao lugar é certo princípio para tudo que foi feito no lugar. Por isso Cícero ensina em sua *Retórica*[42] que, para

42. PSEUDO-CÍCERO, *Ad C. Herennium, de arte rhetorica*, III, c. 16-19, 29-32 [Ed. Harry Caplan, ed. e trad., [Cicero] *Ad C. Herennium De Ratione Dicendi (Rhetorica ad Herennium)*. Com tradução em inglês. (Loeb Classical Library.) Cambridge, Massachusetts: Harvard University Press; Londres: William Heinemann, 1954. p. 208-12.]

memorizar com facilidade, é necessário imaginar certos lugares ordenados, nos quais suas imagens que queremos recordar estão dispostas em certa ordem.

7. Terceira, onde diz: "ora, a causa", mostra o propósito, dizendo que a causa pela qual a reminiscência toma um princípio se dá porque os homens, por certa divagação da mente, procedem facilmente de uma coisa para outra, por causa da semelhança, ou contrariedade, ou proximidade. Assim como, se pensássemos ou falássemos de leite, facilmente chegaríamos ao branco, por causa da brancura do leite; e do branco ao ar, por causa da claridade transparente que causa a brancura; e do ar para o úmido, porque o ar é úmido; e chegaríamos a uma recordação do Outono, a estação do tempo a que buscávamos, por motivo de contrariedade, porque essa estação do tempo é fria e seca.

8. Depois, quando diz: "contudo, parece", mostra qual princípio a reminiscência deve tomar. E diz que o que é universal parece ser o princípio e o meio, pelo qual se pode chegar a tudo. Diz-se aqui universal não o que é predicado de todos, como na Lógica, mas isso a partir do qual alguém costuma mover-se para diversas coisas: como se alguém depois do leite se movesse para a brancura e para a doçura; e, de novo, da brancura para outra coisa, como foi dito; e, de novo, da doçura para o calor digestivo e para o fogo; e, consequentemente, para outros pensamentos, o leite é como um universal para todos esses movimentos. E é necessário recorrer a isso, se alguém quiser recordar as consequências de qualquer coisa, porque caso não se recorde de algumas consequências anteriores, por outros princípios posteriores, pelo menos poderá se recordar quando lhe vier o primeiro princípio universal. Ou, então, caso não se recorde, não poderá recordar-se de qualquer outro princípio.

9. E dá o exemplo de diversas relações por meio de diversas letras: ABGDEZIT, e as enumera segundo a ordem do alfabeto grego. Não recordando essa mesma ordem, mas considerando que alguém, pensando ou falando de B, chegue a A; de A, às vezes, chegue a T, às vezes, a G; de T, às vezes, a D, às vezes, a E; de G, às vezes, a I, às vezes, a Z.

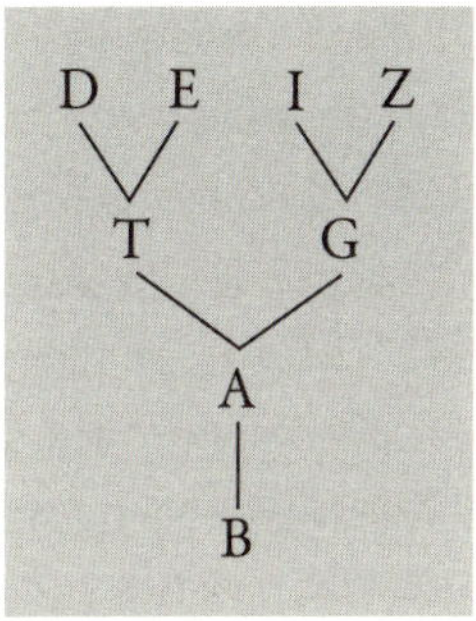

Portanto, se alguém não se recorda o que está sob E, poderá recordar-se se chegará a T, a partir do qual se moverá para dois, ou seja, para E e D. Mas, talvez, não busque E nem D, mas busque I ou Z, então irá a G para recordar-se. Mas, porque não sabemos se o que estamos buscando está contido sob T ou sob G, é necessário recorrer a A, que é como um universal em relação a todas as letras. E, assim, é sempre necessário proceder de tal maneira, por exemplo, se B é ainda mais universal do que A.

10. No entanto, o gráfico anteriormente referido pode ser entendido de uma outra maneira, como ir de A diretamente a G, mas lateralmente a B (ainda que não faça menção à letra B); e ir de G lateralmente para I e Z, ainda que se possa ir diretamente a T, do qual se chega a D e E. Por isso, diz que se alguém não memorizar E, que é o último, vai até T, que é anterior. Se, talvez, não memorizar T, porque o que ele procura não está contido sob ele, deve recorrer a G, em relação à qual, outras letras estão relacionadas, por exemplo, I e Z; e, depois, em A, como antes foi dito, em relação ao qual se refere também B. Isto pode ser observado no gráfico proposto.

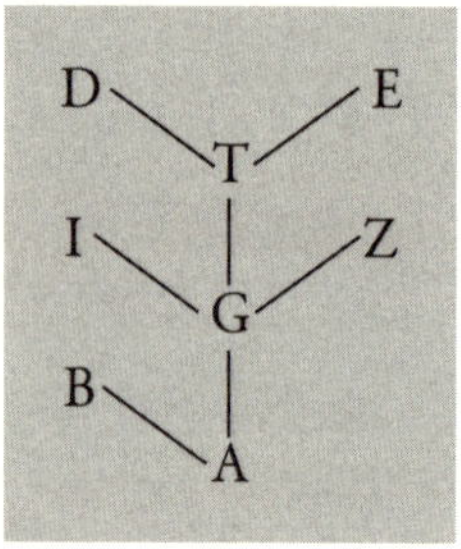

11. Depois, quando diz: "ora, a causa", assinala a causa do defeito que sofrem os que recordam. E, primeiro, relativo ao fato de que nem todos recordam. Segundo, relativo à reminiscência defeituosa, onde diz: "contudo, porque".

Por isso, diz primeiro que, porque ocorre que a partir do mesmo princípio alguém se move para diversas coisas, mesmo sendo o mesmo princípio, os homens, às vezes, recordam-se e, às vezes, não, e se movem mais para um do que para outro, por exemplo, se alguém do próprio G se mover para E e D. Por isso que, aceito esse princípio, recordará facilmente para qual mais frequentemente acostumou a se mover. Mas se não se move *pelo antigo*, isto é, por aquilo que está mais acostumado a mover-se, será movido menos pelo costume e, portanto, não facilmente se recordará, porque o costume, por assim dizer, é como uma natureza. Por isso, assim como as coisas que naturalmente existem são facilmente feitas e reparadas, na medida em que a coisa volta rapidamente para a sua natureza, por causa da inclinação da natureza, como é evidente com água quente que rapidamente volta a ficar fria, assim, também, as coisas que muitas vezes consideramos são de mais fácil recordação, por causa da inclinação do costume.

12. Mostra que o costume é como uma natureza, porque, tal como na natureza há certa ordem estabelecida, em que isso pode ser feito depois daquilo, assim, também, quando muitas operações se sucedem em uma ordem, elas produzem certa natureza. E isso ocorre especialmente nas operações dos animais, em cujos princípios há algo que imprime e algo que recebe a impressão, como a imaginação recebe a impressão dos sentidos. E, por isso, as coisas que vemos ou ouvimos com frequência são mais firmemente fixadas na imaginação, ao modo de alguma natureza. Assim como, também, a multiplicação da impressão de um agente natural produz a forma, que é a natureza da coisa.

13. Depois, quando diz: "contudo, porque", mostra a causa pela qual, por vezes, recorda-se com defeito. E diz que, como nas coisas que são conforme a natureza, em que ocorre algo que está fora da natureza, por acaso ou fortuna, como se vê na obra *A geração dos animais*[43], por maior força de razão, muito mais pode ocorrer algo desordenado e fora da intenção naquelas coisas que são conforme o costume, que embora imite a natureza, falta-lhe ainda a firmeza da natureza. E, por isso, também nesses, isto é, nos que se recordam por costume, ocorre recordar-se de modo diferente em diferentes ocasiões. E isso acontece por conta de algum impedimento, como quando alguém está distraído e vai para longe, isto é, para outro lugar diferente de onde costuma ir; como acontece com aqueles que dizem algo de memória, pois se sua imaginação estiver distraída para outra

43. ARISTÓTELES, *De generatione animalium*, IV, c. 3-4, 769b10-771a14.

coisa, eles perdem o que devem dizer ou dizem de maneira defeituosa. Por conta disso, quando alguém necessita recordar algum nome, ou alguma palavra, recorre a outra palavra dessemelhante à palavra que conhece.

14. Finalmente, resume dizendo que a reminiscência ocorre de acordo com o modo anteriormente referido.

Lição 7[44]

A memória e a reminiscência possuem o mesmo modo de considerar o tempo

44. Cf. 452b7-453a4.

Texto de Aristóteles

Capítulo 2

[452b] [7] É preciso, porém, conhecer melhor o tempo, a medida ou o infinito.

Há, porém, algo com o qual alguém julga o maior e o menor, e é razoável que seja como as dimensões, pois intelige coisas grandes e [10] distantes, não porque a inteligência se estende até lá, tal como alguns dizem que faz a vista (e quando não existem, igualmente intelige), mas por um movimento proporcional; existem, pois, na própria inteligência, símiles figuras e movimentos.

De fato, em que difere quando intelige coisas maiores?

Ou, por que alguém intelige as menores? Com efeito, todas as coisas que estão dentro da alma são menores e proporcionais [15] em relação às que existem fora. Mas tal como se considera, proporcionalmente, as espécies na própria alma, assim, também, talvez se considerem as distâncias.

Portanto, assim como se move de AB-BE, produz GD, pois é proporcional a AG e GD. Então, por que produz mais GD que ZI? Ou por que se tem proporcionalmente AG para AB, assim [20] como se tem KT para TM? Portanto, a inteligência move-se simultaneamente segundo esses movimentos. Se, de fato, quiser inteligir AZ-ZI, intelige, proporcionalmente, GB-BE. Mas, ao invés de TC intelige KLM, pois se tem na mesma proporção de ZA para BA.

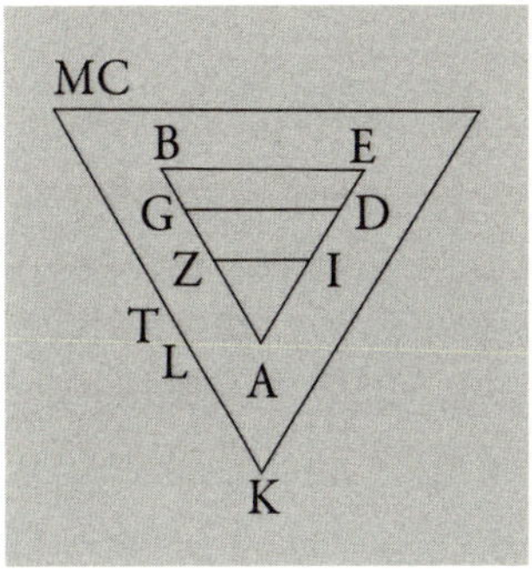

Portanto, quando simultaneamente produz-se o movimento da coisa e do tempo, é quando, então, opera a memória. Se, porém, alguém presume que não está fazendo [25] uma memorização, nada, pois, impede de que esteja mentindo, na medida em que se veja memorizando, sem estar memorizando. Ora, quem age com a memória não presume que não saiba que está memorizando, pois memorizar é isso mesmo. Contudo, se o movimento da coisa ocorre sem o movimento do tempo, ou daquele sem o deste, não se recorda.

Ora, é duplo o movimento [30] do tempo: alguém, de fato, às vezes, não memoriza algo pela medida do tempo [453a] [1] como, por exemplo, "o terceiro dia"; mas, outras vezes, memoriza a medida; e, ainda, outras vezes, não memoriza a medida do tempo. Costumam dizer que memorizam, mas não sabem quando, porque não conhecem a quantidade de tempo em medida.

Comentário de Tomás de Aquino

1. Depois que o filósofo manifestou o modo da reminiscência por parte das coisas que temos recordações, aqui determina o modo da reminiscência por parte do tempo. Primeiro, propõe a intenção. Segundo, manifesta o propósito, onde diz: "há, porém, algo".

Diz primeiro que, na reminiscência, é necessário ao máximo conhecer o tempo, ou seja, o passado, que concerne à memória, cuja investigação é certa reminiscência. Ora, o tempo passado é conhecido pela reminiscência, às vezes, pois, sob certa medida como, por exemplo, quando sabe que sentiu isso há três dias; e, por vezes, num tempo *sem determinação*, isto é, indeterminadamente, por exemplo, se recorda ter sentido isso em algum momento ou outro.

2. Depois, quando diz: "há, porém", manifesta o propósito. E primeiro, mostra como a alma conhece a medida do tempo. Segundo, manifesta o principal propósito, a saber, que é necessário conhecer o tempo e ter a reminiscência dele, onde diz: "portanto, quando". E acerca do primeiro, faz duas coisas. Primeira, ele manifesta o propósito. Segunda, levanta certa questão, onde diz: "de fato, em que difere".

Primeiro, diz que algo existe na alma que julga a medida maior e menor de tempo. E isso é razoável que ocorra acerca do tempo, como também é razoável que haja com as grandezas corporais, pelas quais, de fato, a alma intelige as coisas grandes, em relação à quantidade dos corpos vistos, e que estão distantes, em relação à quantidade de distância do local, que é proporcional à quantidade de tempo, que se considera segundo a distância do instante presente.

3. Ora, a alma conhece essas grandezas distantes, não estendendo a inteligência até lá, como se a alma conhecesse as grandezas por tocá-las com o intelecto. O que parece ser dito por causa de Platão, como é evidente no Livro I do *Sobre a alma*[45]. Por esse modo, também, alguns dizem que a visão é produzida porque um raio percorre toda a distância até a coisa vista, como foi dito no livro do *Sobre o sentido e o sensível*[46]. Mas é impossível que grandezas sejam conhecidas pela alma por contato da inteligência, porque, nesse caso, a alma não poderia inteligir, exceto as grandezas existentes, mas, de fato, vemos que ela intelige grandezas que não existem. Nada, pois, impede a alma de inteligir o dobro da quantidade dos céus. Portanto, a alma não conhece a grandeza do céu estendendo-se para fora, mas sim, porque certo movimento da coisa sensível refletida na alma é proporcional à grandeza exterior. Há, pois, na alma certas formas e movimentos semelhantes às coisas, pelas quais ela conhece as coisas.

45. ARISTÓTELES, *De anima*, I, c. 8, 407a10-18.

46. ARISTÓTELES, *De sensu et sensato*, I, c. 2, 437b10-438a3. [Ver *Parva Naturalia*, obra publicada em *Clássicos Edipro*. (N.E.)]

4. Depois, quando diz: "de fato, em que difere", determina uma questão relativa à supracitada. E acerca disso faz três coisas. Primeira, propõe a questão. Segunda, soluciona-a, onde diz: "ou, por quê". Terceira, exemplifica a solução com letras, onde diz: "portanto, assim como". Pergunta, então, primeiro, como a alma, pela similitude da grandeza que possui, conhece a grandeza e em que difere aquilo pelo qual conhece uma grandeza maior e menor? Parece não haver diferentes semelhanças para os que não diferem pela espécie.

5. Depois, quando diz: "ou, por que alguém intelige", soluciona a questão. E diz que a alma intelige por figura semelhante ou pela forma *as coisas menores*, isto é, a quantidade menor, tal como conhece com a maior grandeza pela forma semelhante. Pois as formas e os movimentos internos correspondem proporcionalmente às grandezas externas e, talvez, seja assim com as grandezas, ou as distâncias dos lugares e dos tempos, como das espécies das coisas. Por isso, assim como em quem conhece estão as diversas semelhanças e movimentos proporcionalmente correspondentes às diversas espécies das coisas, como, por exemplo, do cavalo e do boi, como também de diversas quantidades.

6. Depois, quando diz: "portanto, assim", manifesta diversas proporções desta natureza pelo exemplo das letras.

Para evidenciar isso, deve se considerar o que disse anteriormente: que há na inteligência símiles figuras e movimentos proporcionais às coisas; e aqui usa exemplos dados pela semelhança das figuras, como os usados pela geometria, a partir dos quais dizem que as figuras semelhantes possuem os seus lados proporcionais e que os ângulos são iguais, como se mostra no Livro VI de Euclides[47].

---

47. EUCLIDES, *Elementa*, VI, prop. 4 [Leipzig: Ed. Stamatis, 1970. p. 46].

7. Portanto, desenha-se o triângulo BAE, cuja base é BE. Em seguida, a partir de um ponto marcado com G, no lado BA, traça-se uma linha equidistante da base até o outro lado, que é GD. E, de modo semelhante, no triângulo GAD traça-se uma linha ZI, equidistante da base. Ora, foi demonstrado, no primeiro livro de Euclides, que uma linha reta caindo sobre duas linhas equidistantes gera ângulos opostos iguais. Portanto, o ângulo AGD é igual ao ângulo ABE, e o ângulo ADG é igual ao ângulo AEB. Contudo, o ângulo A é comum. Portanto, os três ângulos do triângulo GAD são iguais aos ângulos do triângulo BAE. Logo, as linhas que são subentendidas pelos ângulos iguais são proporcionais, de acordo com a quarta proposição, no sexto livro de Euclides. Portanto, a proporção de AB a AG é a mesma que a proporção de BE a GD. Assim, pois, alternadamente, a proporção de AB para BE é a mesma que a proporção de AG para GD. E, assim, os dois triângulos anteriormente citados são figuras semelhantes. Agora, pela linha AB e suas partes, são inteligidos os movimentos da alma, através dos quais a alma conhece. Então, pelas linhas BE, GD, e ZI, que são as bases dos triângulos, são inteligidas diversas quantidades, diferindo em grandes e pequenas.

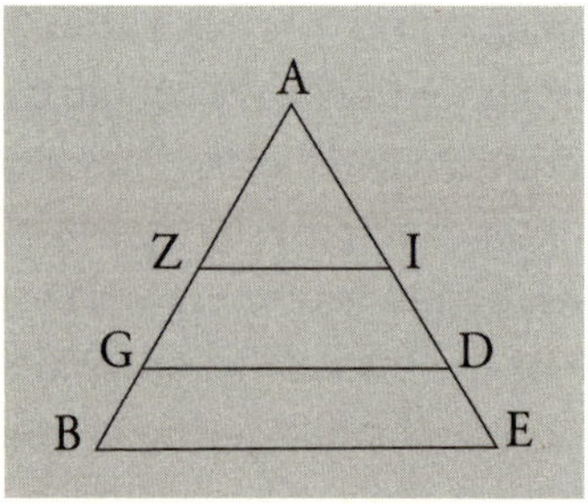

8. Portanto, conclui com este exemplo que, se a alma é movida de acordo com o movimento AB para conhecer a quantidade BE, esse movimento também vai por si só fazer conhecer a quantidade GD, porque o movimento AG, que está contido em AB, e a grandeza GD estão relacionados pela mesma proporção que o movimento AB e a grandeza BE.

9. Mas, então, a questão que foi levantada anteriormente deverá repetir-se, uma vez mais: o que se requer para conhecer a quantidade GD, que é maior do que conhecer a quantidade ZI, que é menor?

10. E como isso pode ser visto de modo mais claro, ele considera distintos movimentos, um dos quais não está contido no outro. Portanto, seja uma linha, KM que se divide no ponto T, de tal forma que tenha a mesma proporção de KT para TM, que é a linha AG, com a qual se conhece a quantidade GD, pela linha AB, pela qual se conhece a quantidade BE. Assim, portanto, move-se simultaneamente segundo estes movimentos, porque assim como pelo movimento AG se conhece a quantidade GD, assim, também, pelo movimento KT; e, assim como pelo movimento AB se conhece a quantidade BE, assim, também, pelo movimento TM. Se, porém, alguém quiser pelo movimento AZ conhecer a quantidade ZI, será necessário que se subtraia de AG isso que é GZ, como se lhe somará GB para conhecer a quantidade BE. Mas se quisermos considerar movimentos distintos, será necessário considerar o lugar dos dois movimentos KT e TM, (lugar a que agora coloca TC, assim como que C e M). São inscritos no mesmo ponto outros dois movimentos, dos quais um é KL e o outro LM, assim que se divida a linha KM no ponto L, segundo esta razão que seja proporcional KL a LM, como é a mesma de AZ a AB. Por isso, assim como pelo movimento LM conhece a quantidade BE, assim, pelo movimento KL, conhece a quantidade ZI. O que, de fato, pode ser demonstrado assim:

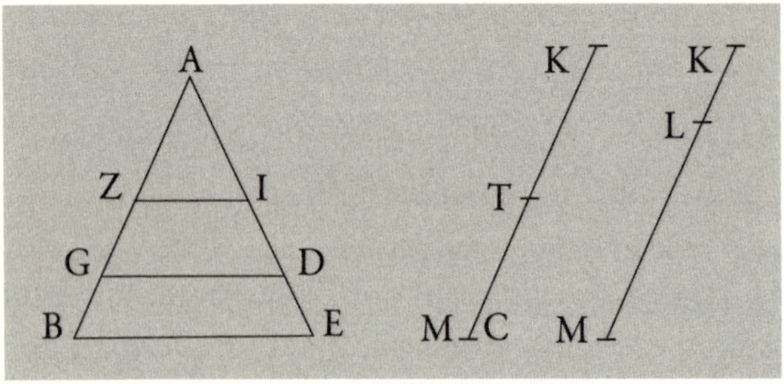

11. Depois, quando diz: "portanto, quando", mostra a principal proposta. Primeiro, ele mostra que para a reminiscência é necessário conhecer o tempo. Segundo, ele mostra um duplo modo de conhecer o tempo, onde diz: "ora, é duplo".

Por isso, primeiramente diz que, quando um movimento de um objeto a ser memorizado e do tempo passado ocorre na alma, ao mesmo tempo, há, então, um ato de memória. Se, porém, alguém presume estar assim e não produz a memória, ou porque falta o movimento da coisa ou o movimento do tempo, não há ato de memorizar. Nada impede que haja uma deturpação na memória, como quando alguém parece que memoriza e não memoriza, porque lhe ocorre o tempo passado, mas não a coisa que ele viu, mas outra coisa em seu lugar. E ocorre que às vezes alguém memoriza, mas não presume que memorizou. Contudo, está latente nele o memorizar, e não memoriza porque não lhe ocorreu o tempo, mas apenas a coisa, pois, como foi dito anteriormente, a memorização é voltar à imagem de alguma coisa, na medida em que a imagem foi apreendida antes. Assim, se o movimento da coisa é feito sem o movimento do tempo, ou, inversamente, não se recorda.

12. Depois, quando diz: "ora, é duplo", mostra os diversos modos em que os que recordam conhecem o tempo. Por vezes, alguém se recorda do tempo, mas não sob uma medida, por exemplo, que há três dias fez alguma coisa, mas não sabe o que fez. Outras vezes, alguém se recorda de algo do tempo passado, embora não sabe quando. De fato, os homens estão acostumados a dizer que eles se recordam de alguma coisa que fizeram no passado, mas não sabem quando fizeram, porque não sabem a medida do tempo. E isso ocorre por causa da debilidade da impressão, assim como ocorre naqueles que veem coisas de longe, as quais são conhecidas de modo indeterminado.

Lição 8[48]

Outra diferença entre reminiscência e memória é mostrada de muitos modos, dos quais aquela é uma paixão corpórea

48. Cf. 453a4-b11.

Texto de Aristóteles

Capítulo 2

[453a] [4] Portanto, não são as mesmas pessoas [5] que possuem boa memória e as que possuem facilidade de recordar, como foi dito antes. Ora, memorizar não difere de recordar só segundo o tempo, porque muitos dos outros animais participam da capacidade de memorizar, mas de recordar, por assim dizer, nenhum dos animais que conhecemos, à exceção do homem. A causa é que [10] a reminiscência é como um silogismo, pois antes alguém viu, ouviu ou ocorreu algo semelhante, pois quem recorda raciocina e é como uma investigação. Contudo, isso só ocorre naqueles animais, em cuja natureza há a liberdade, pois a escolha é também uma espécie de raciocínio.

Ora, que a reminiscência é uma paixão corpórea [15] e que é uma investigação de imagens, em tal circunstância, prova-se pelo sinal de que alguns se perturbam quando não podem recordar, mesmo quando se valem bem da inteligência e, não menos, mesmo quando não tentam recordar, ainda mais os melancólicos, pois esses movem ao máximo as imagens.

[453a] [20] Ora, a causa de que não é possível aos melancólicos recordar é que tal como quem projeta algo já não lhe é mais possível reter o que lançou, assim, também, quem recorda e investiga move algo no corpo, onde está a paixão.

Contudo, os que mais se perturbam são os que têm umidade em torno do lugar sensitivo, pois não é fácil que pausem [25] os movimentos até que consigam o que buscam e retamente procedam ao movimento.

Por isso, a ira e o temor, ao moverem-se contra os movimentos contrários, não cedem a eles, mas se movem contra eles.

E se compara essa paixão aos nomes, às melodias e às palavras, sobretudo, quando algum deles se produz em nossa boca, pois ainda que alguém queira pará-los [30], não consegue e volta a cantar ou a dizer.

Contudo, os que possuem as partes superiores maiores, como os anões, [453b] [1] possuem menos memória do que os contrários, porque sobrepõem muito peso sobre aquela parte sensível e, também, porque não podem conservar seus movimentos desde o princípio, pois se dispersam e não procedem de modo fácil e reto no movimento da reminiscência. Não obstante, os muito novos e velhos [5] possuem menos memória por causa dos seus respectivos movimentos, os velhos por causa do decrescimento e os novos por causa do rápido crescimento. Ademais, as crianças são como os anões até que cheguem a uma idade avançada.

Portanto, foi dito sobre a memória e o memorizar, qual é a natureza, com que parte da alma os animais memorizam; e [10] sobre a reminiscência, o que é, como se produz e qual é a sua causa.

Comentário de Tomás de Aquino

1. Depois que o filósofo mostra o modo da reminiscência, agora demonstra a diferença da memória e da reminiscência.

Sugere, no entanto, três diferenças. Primeira, é a partir da aptidão para ambas, pois, foi dito anteriormente, que não são os mesmos homens que são bons de memória e de recordação. Segunda, é a diferença por parte do tempo, porque a reminiscência, por ser via para a memória do caminho, precede-a no tempo, como é evidente pelo antes dito. Terceira, é a parte do objeto em que ambas podem ser encontradas, pois disso que é a memória muitos outros animais participam, além do homem, como também foi dito anteriormente. Mas nenhum animal que conhecemos tem a reminiscência, exceto o homem; o que, de fato, diz ele, porque em alguns casos, era duvidoso que existisse algum animal racional além do homem.

2. A causa pela qual somente ao homem convém a reminiscência é que recordar tem semelhança com o silogismo, pois, assim como chegamos à conclusão por alguns dos princípios, também, na reminiscência, de algum modo alguém raciocina se viu aquilo antes, ou se percebeu de outro modo, a partir de certo princípio ao qual chegou. E a reminiscência é como uma investigação, porque não é por acaso que passa de uma recordação para outra, mas procede com intenção de chegar a alguma memória. Mas isto, ou seja, que alguém investigue para chegar a outro, só ocorre naqueles nos quais existe a potência natural de deliberar, pois a deliberação também é feita ao modo de um silogismo. Ora, a deliberação compete só ao homem, porém, os demais animais não agem por deliberação, mas por algum instinto natural.

3. Depois, quando diz: "ora, que a reminiscência", mostra qual paixão é a reminiscência. Com efeito, dissera que a reminiscência é como um silogismo. Ora, raciocinar é ato da razão, que não é ato de algum corpo, como se prova no Livro II do *Sobre a alma*[49], que alguém poderia ver que a reminiscência não seria *uma paixão corpórea*, isto é, uma operação exercida por órgão corpóreo. Ora, o Filósofo mostra o contrário.

4. E, primeiro, por algo que ocorre com os que realizam o ato da reminiscência. Segundo, por aqueles que têm algum impedimento com relação à reminiscência, onde diz: "contudo, os que possuem as partes superiores maiores". Acerca do primeiro faz três coisas. Primeira, induz a referida ocorrência. Segunda, assinala a causa da referida ocorrência, onde diz: "ora, a causa". Terceiro, manifesta pelo símile, onde diz: "por isso, a ira e o temor". Diz, portanto, primeiro, que o sinal de que a reminiscência é certa paixão corpórea e de que há uma investigação de imagens por algo particular, isto é, em algum órgão corpóreo, é

49. ARISTÓTELES, *De anima*, II, c. 2, 413a6-7.

que alguns não podem recordar por estarem perturbados, isto é, encontram-se em certa inquietude e põem intensamente sua mente para recordar. E se ocorre que logo depois já não tentam recordar, como desistindo do propósito de recordar, ainda assim permanece neles aquela inquietude na mente. E isso ocorre mais nos melancólicos, nos quais as imagens são mais movidas, porque, devido a sua natureza terrosa,[50] enraízam-se mais neles as impressões das imagens.[51]

5. Depois, quando diz: "ora, a causa", assinala a referida causa da ocorrência. Primeiro, expõe a causa. Segundo, mostra em quais pessoas mais ocorre, onde diz: "contudo, os que mais se perturbam". Acerca do primeiro, deve-se considerar que as operações, que são da parte intelectiva sem órgão corpóreo, estão no arbítrio do homem de modo que possa se afastar delas quando quiser. Ora, não é assim que ocorre com as operações que são exercidas por órgãos corporais, porque não está no poder do homem imediatamente cessar a paixão suscitada a partir do movimento de um órgão corpóreo. E, por isso, diz que *a causa da reminiscência, que está em quem realiza o ato da reminiscência,* não se encontra assim em quem realiza esse ato da reminiscência, ou seja, não está em seu poder, como se pudesse interromper

---

50. TOMÁS DE AQUINO, *In II Sent.* d. 8, q. 1, a. 6, exposição do texto: "Energeia é uma palavra grega que consta de 'en', que é o que está em, de 'ergia', que é esforço, trabalho e de 'geos', que é terra. E se usa essa palavra para indicar aqueles que são afetados internamente por um humor terrestre ou melancólico, porque esses mesmos são privados do uso da razão" .

51. Segundo a estrutura somática do ser humano, para os gregos, os quatro elementos (terra, água, ar e fogo), determinavam os comportamentos mentais dos indivíduos, segundo a maior ou menor densidade e presença de cada um destes elementos em seus respectivos corpos: melancólico (terra), fleumático (água), sanguíneo (ar) e colérico (fogo). Ver: GALENO, *De complexionibus*, I, c. 3. [Tradução do grego para o latim por Burgúndio de Pisa. Editado por R. J. Durling. Galenus Latinus. v. 1. Berlim; Nova York, 1976. p. 12, 16-17].

quando quisesse, porque, assim como nos saltadores, que depois de ter lançado o corpo já não está mais em seu poder detê-lo, assim também quem realiza um ato de reminiscência e qualquer um que investiga pelo órgão corpóreo movem o órgão corpóreo, no qual está a paixão. Por isso, o movimento não cessa de imediato quando o homem quer.

6. Depois, quando diz: "contudo, os que mais se perturbam", mostra em quem mais ocorre a referida causa. E diz que os que mais se perturbam, isto é, agitam-se ao realizar o ato da reminiscência, são aqueles em que abunda a umidade em torno do lugar onde estão os órgãos dos sentidos, por exemplo, em torno do cérebro e do coração, porque a umidade agitada não volta fácil ao repouso, até que apareça o que busca, e o movimento de procura avance retamente até o final. Isso não é contrário ao que foi dito anteriormente, isto é, que isso ocorre mais com os melancólicos, que são de natureza seca, porque isso ocorre neles por uma violenta impressão, mas nos outros por uma comoção suave.

7. Depois, quando diz: "por isso, a ira e o temor", manifesta o que disse por similaridade. E expõe duas similaridades. A primeira é a das paixões da alma, com as quais o órgão corpóreo se agita de certo modo. E diz que, quando a ira ou o temor, o desejo ou algo semelhante se movem para um objeto, ainda que os homens queiram mover-se de modo contrário, afastando-se da ira ou do temor, a paixão não diminui, ao contrário, move-se ainda mais para o objeto. E isso ocorre porque a comoção do órgão corpóreo não se aquieta imediatamente.

8. A segunda similaridade expõe onde diz: "e se compara essa paixão". E diz que a referida paixão, que ocorre no ato da reminiscência, compara-se aos nomes e melodias e aos raciocínios, quando alguns desses são proferidos com alguma intenção pela boca, como ocorre com os que recitam, nomeiam, cantam ou argumentam com uma grande intenção, porque, quando eles mesmos querem desistir, mesmo que fora da sua intenção, ocorrem-lhes seguir cantando, ou proferindo algo, pois o movimento de sua anterior imaginação ainda permanece no órgão corpóreo.

9. Depois, quando diz: "contudo, os que possuem as partes superiores maiores", manifesta a razão pela qual a reminiscência é impedida por alguma disposição corpórea. E expõe duas disposições corpóreas que impedem a reminiscência. Expõe a primeira dizendo que aqueles que têm os membros superiores maiores do que os inferiores,[52] que é a disposição dos anões, que têm curtas as tíbias e a parte superior do corpo proporcionalmente maior, possuem menos memória do que aqueles que possuem a disposição contrária. E isso porque o órgão sensitivo neles, que está na parte superior, é sobrecarregado com muita matéria. E, por causa disso, nem os movimentos sensíveis podem permanecer neles por muito tempo, pois se dissolvem rapidamente pela confusão dos humores, o que concorre para o defeito da memória. E nem mesmo podem avançar retamente com facilidade no ato da reminiscência, porque não podem regular o movimento da matéria, que concorre para o defeito da reminiscência.

10. A segunda disposição é a que impede os que são novos, como as crianças recém-nascidas e os muito velhos, que são esquecidos, devido ao movimento de crescimento nas crianças e do decrescimento nos anciãos, como foi dito anteriormente. Essa disposição, em parte, convém com a primeira, ou seja, quanto às crianças, elas são anãs até que cheguem a uma idade maior, na medida em que têm a parte superior do corpo maior.

52. ARISTÓTELES, *De partibus animalibus*, IV, c. 10, 686b4-6.

11. Assim, portanto, fica evidente que a reminiscência é uma paixão corporal e não é um ato da parte intelectiva, mas da sensitiva, que também no homem é mais nobre e mais poderosa do que nos outros animais, por causa da união com o intelecto. Com efeito, sempre o que é próprio de uma ordem inferior se torna mais perfeito quando se une à ordem do superior, na medida em que participa de algo da sua perfeição.

12. Por fim, epilogando, conclui que foi falado da memória e do ato da reminiscência, qual a natureza de ambos, e por qual parte da alma os animais se recordam. E, de modo semelhante, sobre a reminiscência foi falado o que é, como se realiza seu ato, e qual causa a produz.

Outras Publicações **edipro**

Obras completas de Aristóteles

A Ética:
textos selecionados

A Política

Categorias

Constituição de Atenas

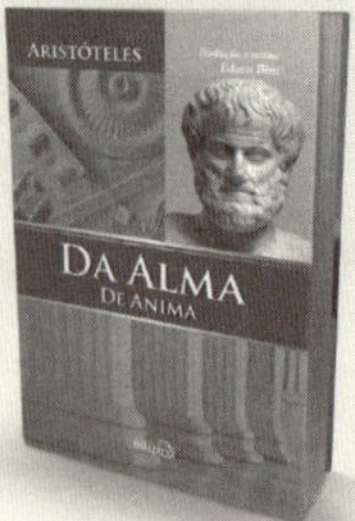

Da Alma

Do Céu

Ética a Eudemo

Ética a Nicômaco

Metafísica

Órganon

Parva Naturalia

Poética

Retórica

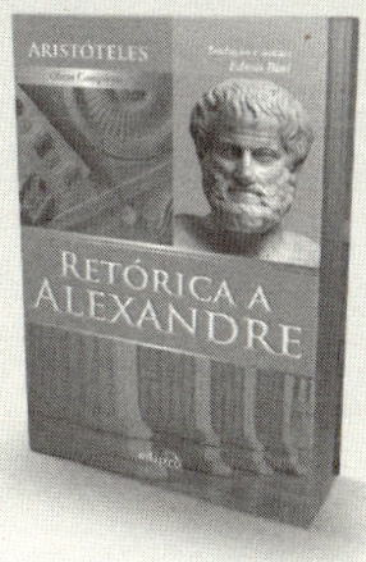

Retórica a Alexandre